客户服务

主编◎徐　丹　邓仕川　贺　庆
参编◎温小琴　陈泳伶　刘晓彧

▲

西南财经大学出版社

中国·成都

图书在版编目(CIP)数据

客户服务/徐丹,邓仕川,贺庆主编.—成都:西南财经大学出版社,
2023.3
ISBN 978-7-5504-5693-8

Ⅰ.①客…　Ⅱ.①徐…②邓…③贺…　Ⅲ.①企业管理—销售管理—商
业服务—中等专业学校—教材　Ⅳ.①F274

中国国家版本馆 CIP 数据核字(2023)第 034847 号

客户服务
KEHU FUWU
徐丹　邓仕川　贺庆　主编

策划编辑:乔　雷

责任编辑:乔　雷

责任校对:张　博

封面设计:墨创文化

责任印制:朱曼丽

出版发行	西南财经大学出版社(四川省成都市光华村街 55 号)
网　　址	http://cbs.swufe.edu.cn
电子邮件	bookcj@swufe.edu.cn
邮政编码	610074
电　　话	028-87353785
照　　排	四川胜翔数码印务设计有限公司
印　　刷	四川煤田地质制图印务有限责任公司
成品尺寸	185mm×260mm
印　　张	8
字　　数	144 千字
版　　次	2023 年 3 月第 1 版
印　　次	2023 年 3 月第 1 次印刷
书　　号	ISBN 978-7-5504-5693-8
定　　价	48.00 元

前言

中国企业的营销观念经过几十年的演变，经历了四个主要阶段：从最开始"皇帝女儿不愁嫁"的生产观念，过渡到"酒香不怕巷子深"的产品观念，再发展到"好货还要勤吆喝"的推销观念，现在进入了以客户为中心、以需求为导向的服务营销观念。

服务营销观念与传统的营销观念最大的区别在于企业的重点不是讨论生产什么产品，而是研究客户有什么需求；不是讨论产品定什么价格，而是关注客户的购买成本；不是讨论开展什么促销活动，而是想办法加强与客户的交流；不是讨论怎样建立分销渠道，而是考虑客户购买的便利性。传统的营销是通过销售来获利，而服务营销则是通过客户满意来获利。

随着电子商务的迅速发展，人们网络客服的需求也在迅速增加，网络客户服务人员是指通过互联网，利用各种网络通信工具，为客户提供咨询、发货、跟踪订单、售后处理等服务的工作人员。通过本课程的学习，可以让学生掌握一个合格的网络客户服务人员应具备的知识、能力和素养。本课程的设计思路如图1所示。

图1　本课程的设计思路

为了更好地应对客户服务岗位的新技术、新工艺、新规范，不断更新教材内容，更新岗位流程与管理的需求，成都市洞子口职业高级中学校、遂宁职业技术学校、广元职业高级中学校三所学校联合组建了《客户服务》创新教材编委会。编委会本着平等、自愿、协商的原则进行校间教材建设的协作，与国家级出版单位合作，积极策划，整合优势资源，组织编写、出版体现教学改革最新理念、思路创新、贴近岗位流程的职业化实用教材。本书素材源于编者的一线教学实践，围绕相关专业育、训结合，工学结合的教学模式，以客户服务的售前工作、售中工作、售后工作过程为主线，教学内容设计以项目为载体，以任务为驱动，围绕岗课赛证开展，同时将素质教育贯穿整个教学设计过程，适用于中职院校财经商贸类客户服务岗位教学用书。由于编者水平有限，加上时间紧迫，书中错误和表述不妥的地方在所难免，希望广大读者批评指正。

编者

2023 年 2 月

目录 CONTENTS

课程定位

《客户服务》是面向电子商务师、互联网营销师、客户服务专员等岗位，培养德智体美劳全面发展，掌握扎实的科学文化基础和电子商务基础、营销基础、商品零售等知识，具备营销推广执行、客户咨询服务等能力，具有工匠精神和信息素养，能够从事网络推广、新媒体营销执行、客户服务等工作的技术技能人才。

《客户服务》是电子商务专业的一门专业核心课程，总学时72课时，开设于二年级第一学期。

课程概述

本课程从认识客户服务岗位开始，明确客户服务的职责及要求，通过真实的实训案例，采用工学结合的方式让学生学会常用网络客户服务工具的下载、安装及维护。在教学内容设置上以项目为载体，按照客户服务工作流程中的售前促进销售、售中达成交易、售后满意配送等工作岗位要求，让学生掌握客户服务工作所需的相关知识和必须技能，同时重点提升学生处理常见纠纷的能力。在整个学习过程中，本课程重视对学生职业素养和信息技术能力的培养，兼顾职业技能等级证书考试要求和培养学生参加技能比赛的能力。

课程特色

本课程围绕相关专业育、训结合，工学结合的教学模式，以客户服务售前工作、售中工作、售后工作过程为主线，教学内容设计以项目为载体，以任务为驱动，围绕岗课赛证开展，同时将素质教育贯穿整个教学设计过程。

学习目标

（1）具有下载、安装、设置、运用网络客户服务工具及维护其账号等能力。

（2）具有网络营销推广的能力，包括通过站内外推广工具和媒介开展营销工作的能力。

（3）具有市场销售的能力。

（4）掌握客户服务规范，具有客户咨询回复、异常订单处理、售后纠纷处理、客户维护等能力。

（5）具有诚实守信的职业道德和互联网安全意识，遵守电子商务相关的法律法规。

（6）具有适应产业数字化发展需求的基本数字技能和专业信息技术能力。

（7）具有良好的表达沟通能力、团队合作精神、创新精神和创业意识。

（8）具有终身学习和可持续发展的能力。

项目一

认知客户服务

教学情景

启明是中职学校电子商务专业即将毕业的学生。作为即将走向社会的年轻人，他和其他同学一样，也在思考将来进入一个什么样的公司？从事哪个岗位的工作？刚好有家叫"韩伊衣"的服装公司来学校招聘电子商务客户服务专员，主要从事售前与售中的客户服务。公司提出的待遇和福利都让启明心动，不过公司要先进行一轮笔试，考核员工对客户服务岗位的认知程度和工作岗位职责的明确程度，同时也考察员工对本工作岗位的忠诚度和同事之间的配合情况。考试题分为选择题、填空题和简答题三种类型。

启明觉得这是一个难得的机会，决定努力争取这个工作岗位。从现在开始，启明认真准备，踏实学习，为第一轮的笔试制定了认知客户服务知识目标、能力目标、素养目标，见表1-1。

表1-1　认知客户服务知识目标、能力目标、素养目标

知识目标	能力目标	素养目标
1. 了解客户服务的定义、客户服务的分类、客户服务工作的意义； 2. 了解客户服务的相关工作岗位及客户服务部门的组织架构； 3. 了解客户服务岗位的职业要求	1. 能画出客户服务部门的组织架构图； 2. 能说出客户服务岗位的职业技能要求	1. 树立客户服务工作的意识，做好良好的心理准备； 2. 为自己设立工作目标； 3. 具有团队合作意识

学习任务 1　初识客户服务

一、客户服务的概念和分类

客户服务（customer service），主要体现了一种以客户满意为导向的价值观，它整合及管理在预先设定的最优成本——服务组合中的客户界面的所有要素。广义而言，任何能提高客户满意度的内容都属于客户服务的范围。（客户满意度是指客户体会到的他实际"感知"的待遇和"期望"的待遇之间的差距）。

客户服务分为实体客户服务人员（如导购）和电商客户服务人员。

电商客户服务人员是电子商务活动的组成部分，是在线受理业务的一线人员，是利用各种通信工具进行订单业务受理、信息传递、顾客调查、处理顾客投诉的人员，也是连接商家与顾客的桥梁。

电商客户服务人员与实体客户服务人员对比见表1-2。

表1-2　电商客户服务人员与实体客户服务人员对比

	优点		缺点		主要工作
电商客户服务人员	思维有缓冲	神秘感	看不到，有距离感	不信任感	问题解答，促成交易，售后服务
实体客户服务人员	互动性强	能快速了解顾客	沟通成本高	不适用所有顾客	品牌形象宣传，购物环境整理，销售商品

二、客户服务的分类

客户服务基本可分为人工客服和电子客服，其中，人工客服又可细分为文字客服、视频客服和语音客服三类。文字客服是指主要以打字聊天的形式进行的客户服务；视频客服是指主要以视频的形式进行的客户服务；语音客服是指主要以移动电话的形式进行的客户服务。

基于腾讯微信的迅猛发展，微信客服作为一种全新的客户服务方式，早已出现在客服市场上。微信客服依托微信精湛的技术条件，综合了文字客服、视频客服和语音客服的全部功能，具有无可比拟的优势，因此备受市场好评。

客户服务分为售前服务、售中服务和售后服务。

一个完整的销售流程应当至少包括售前服务、售中服务和售后服务三个环节。售前服务一般是指在销售产品之前为客户提供的一系列活动，如市场调查、产品设计、提供咨询等。售中服务则是指在产品交易过程中销售者向购买者提供的服务，如接待服务等。售后服务是指凡与所销售产品有连带关系，并且有益于购买者使用的服务，主要包括送货、安装、产品退换、维修、保养、使用技术培训等方面的服务。

1. 售前服务

售前服务指企业在顾客未接触产品之前所开展的一系列刺激顾客购买欲望的服务工作。售前服务的内容多种多样，主要是提供信息、市场调查预测、产品定制、加工整理、提供咨询、接受电话订货和邮购、提供多种方便和财务服务等。售前服务的主要目的是协助客户做好工程规划和系统需求分析，使企业的产品能够最大限度地满足用户需要，同时也使客户的投资发挥出最大的综合经济效益。

突出特点，既是售前服务的功能，也是售前服务的有效策略。在同类产品竞争比较激烈的情况下，许多产品只有细微的差别，消费者往往不易察觉。企业通过富有特色的一系列售前服务工作，一方面可以使自己的产品与竞争者的产品区别开来，树立自己产品或劳务的独特形象；另一方面可以使消费者认识到本企业产品带给消费者的特殊利益，吸引更多的消费者。这样，企业就能创造经营机会，占领和保持更多的市场。

2. 售中服务

企业要在激烈竞争中，不断开拓新的市场，吸引更多的顾客，就要解除顾客的后顾之忧，一般的顾客在决定购买某一种产品而尚未决定购买某种品牌之前，购买哪一品牌在很大程度上取决于顾客对某种品牌熟悉的程度。因此顾客在购买之前，就要搜集该品牌产品的性能、结构、技术、功能等信息，甚至要求掌握产品的操作使用规则或技巧。企业只有满足了顾客的这些供其决策之用的信息需要，才能使他们从准顾客转化成现实的顾客。

售中服务是指在产品销售过程中为顾客提供的服务。如热情地为顾客介绍、展示产品，详细说明产品使用方法，耐心地帮助顾客挑选商品，解答顾客提出的问题等。售中服务与顾客的实际购买行动相伴随，是促进商品成交的核心环节。

售中服务的目标是为客户提供质量价格比最优的解决方案。针对客户的售中服务，主要体现为销售过程。销售过程是以销售机会为主线，围绕着销售机会的产生、销售机会的控制和跟踪、合同签订、价值交付等一个完整销售周期而展开的。销售既是满足客户购买商品欲望的服务行为，又是不断满足客户心理需要的服务行为。

优秀的售中服务将为客户带来享受感，销售、市场和客户关怀人员的服务质量是决定客户是否购买的重要因素，因此对于售中服务来说，提高服务质量尤为重要。

3. 售后服务

（1）代为消费者安装、调试产品。

（2）根据消费者要求，进行有关使用等方面的技术指导。

（3）保证维修零配件的供应。

（4）负责维修服务，并提供定期维护、定期保养。

（5）为消费者提供定期电话回访或上门回访。

（6）处理消费者来信来访以及电话投诉意见，解答消费者的咨询。同时采用各种方式征集消费者对产品质量的意见，并根据情况及时改进。

客户服务中心的核心价值，是通过建立完善的客户服务体系，为客户提供完善的优质服务，保持和不断提升客户对企业的满意度，提升企业的品牌知名度和美誉度，提高顾客重复购买率，从而为企业创造源源不断的商机。

三、客户服务的意义

如今的市场竞争日趋白热化，同行业之间除了在产品的质量和价格方面进行角逐外，越来越侧重于客户关系的管理。市场经济有一个真理——谁更关注客户，谁就会拥有更大的市场。实际上，客户关系维护在市场营销活动中是一项非常重要的工作，我们每天都会面对形形色色的客户，这些客户性格不同、想法各异，因此要赢得客户的心，并不是一件简单的事情。

企业的根本目标是盈利。现在越来越多的企业都认为真正的盈利模式应该是不断地为客户创造价值，企业必须转变传统的营销思维模式，目前，全世界优秀的企业都号称自己是服务型企业，服务的浪潮在 21 世纪逐渐兴起，企业的竞争越来越多地进入服务领域。

客户就是需要服务的对象，其可分为外部客户和内部客户。其中，外部客户是指那些需要服务但不属于企业员工的社会群体和个体，例如中间商和产品的终端消费者。内部客户则是指工作流程的下一道工序，在整个工作流程当中，每一道工序都有前一道和后一道，自己是前一道工序的客户，而下一道工序则是自己的客户。只有每个部门、每个岗位都把自己的客户服务好，最后面对终端消费者的时候才能提供真正优良的服务。优质的服务能提高客户的信任度，增加企业的信誉，为企业带来更多的客源，是便宜而有效的广告宣传。口碑对于企业非常重要，有很多产品并没有花大力气进行广告宣传，而是凭口碑一点点占领市场；而有的产品不惜成本做了很多的广告，但是销售却不尽如人意，主要是因为产品的口碑不好。

总之，客户满意或者不满意，会在无形之中把企业推向良性循环或者恶性循环。

学习任务 2　客户服务岗位职责

一、客户服务的岗位职责

（1）接听各品牌咨询电话，能够按照知识库及时准确回答客户，为客户提供标准服务。

（2）快速掌握公司的新政策、新业务，电话服务过程中，积极主动推介公司的新产品，促使客户产生使用公司产品的意愿。

（3）受理客户申请的业务和客户的投诉电话，并准确记录投诉内容，及时将需其他岗位协助受理的业务生成电子工单并转送后台组。

（4）协助整理组内培训资料，辅导初级客户代表；参加各项培训，提高综合素质；参加各种团队活动，支持班组建设。

（5）对于资料库内没有的问题或资料，记录问题内容，上交值班经理助理转送业务组；及时准确收集移动业务信息，努力学习移动业务知识，协助收集客户需求信息，对服务工作提出改进意见。

（6）使用多渠道方式（如电话、短信、邮件等）与客户进行沟通，达到服务或销售目的。

（7）做好用户的咨询与投诉处理，做好用户的障碍申报与派单，总结反馈用户的意见与建议。

（8）认真填写交班日记，向下一班交清未完成和待解决的问题。

（9）与各部门保持良好的联系与沟通。

（10）经常检查电脑运行情况，及时报修、排除故障。

二、客户服务的职业素养要求

要成为一名合格的客户服务人员，应具备严谨的工作作风、热情的服务态度、熟练的业务知识、积极的学习态度，耐心地向客户解释，虚心地听取客户的意见等。

（一）热情、认真的服务态度

要成为一名合格的客户服务人员，必须热爱这一门事业，全身心地投入进去，这是一名合格的客户服务人员的一个先决条件。

（二）熟练业务知识

一名合格的客户服务人员应该拥有熟练的业务知识，并不断努力学习。

只有熟练掌握了各方面的业务知识，才能准确无误地为用户提供业务查询、业务办理及投诉建议等各项服务，让客户在服务中达到更高的满意度。

（三）耐心解答问题

合格的客户服务人员的核心素养就是对客户的态度。在工作过程中，客户服务人员应保持热情诚恳的工作态度，在做好解释工作的同时，要语气缓和，不骄不躁，如遇到客户不懂或很难解释的问题时，要保持耐心，一遍不行再来一遍，直到客户满意为止。客户服务人员应始终信守"把微笑融入声音，把真诚带给客户"的诺言。这样，才能更好地让自己不断进步。

（四）合理沟通协调

沟通能力，特别是有效沟通能力是客户服务人员应该具备的一个基本素质，客户服务是跟客户打交道的工作，倾听客户、了解客户、启发客户、引导客户，都是我们和客户交流时的基本功，只有了解了客户需要什么服务和帮助，了解了客户的抱怨和不满在什么地方，才能找出我们存在的问题，对症下药，解决客户需求。

三、客户服务的职能

（一）对内职能

（1）负责制定客户服务的原则、标准，协调企业各部门之间的工作，为客户提供优质的服务。

（2）负责新客户服务人员的业务培训及服务业绩考核等工作。

（3）负责制定各种标准的工作流程，并对客户服务人员进行流程培训，使之熟悉、掌握各种工作流程，提高客户服务工作效率。

（4）负责记录客户基本情况、需求、意见、建议的次数与内容，并分类统计。

（5）负责归集业务系统信息，把握业务系统总体情况，不断提高业务的管理水平和工作效率，提高客户满意度。

（6）负责收集其他企业的客户服务资料，并进行整理、分析、挖掘、学习。

（7）负责为企业的产品、设备提供强有力的售后服务保障。

（8）负责定期向企业有关领导和相关部门通报客户意见或者反馈产品销售情况，为企业制定合理解决方案提供参考信息。

（二）对外职能

（1）负责收集和整理企业的新产品或服务使用后的客户反馈信息，为企业相关部门改进新产品或服务质量提供可靠的依据。

（2）负责进行客户信息调查和管理，尤其是客户的使用习惯调查和管理，并对搜集到的客户信息进行整理和归档，建立有用的客户信息库。

（3）负责受理和处理客户投诉，解除企业与客户之间的纠纷，维护企业的信誉和形象。

（4）负责搜集客户的建议，并对客户的建议进行审核、评估和实施，为企业未来的发展提供宝贵建议。

（5）对外负责提出且执行企业的售后服务措施，并制定、修改和实施相关售后服务标准、计划与政策，充当企业售后服务工作的具体指导和监督部门。

（6）负责设立服务咨询窗口，为客户提供咨询服务，帮助客户发现和解决有关新产品使用等各种问题，促进企业与客户之间的有效沟通。

（7）负责加强软硬件设施建设，为高效优质的服务提供保障。

学习任务 3 树立客户服务意识

企业的产品不是单一的有形产品或实物产品，而是"有形产品+客户服务"的组合产品，是企业实施差异化竞争策略的重要措施。客户服务不单是客户服务部门的事情，而是一个组织的事情；任何部门、职位、流程、体系，都必须以客户为中心开展工作，把客户满意度作为自己工作的终极目标，其中客户服务部门承担了最重要的工作。不仅如此，在员工牢固树立外部客户服务意识的同时，还要牢固树立内部客户服务的意识，把兄弟部门、同事视为客户，给予100%满意度的内部服务。作为管理部门要以客户为导向，在服务中做好管理工作。管理部门和管理人员的效率直接体现在其对下属部门和员工提供服务的质量上。有了成功的内部客户服务意识和积极效果，优秀的外部客户服务就有了基础。

做好全员客户服务工作，需要全体员工不断提高自身的职业素养。职业素养至少包含两个重要的相互关联的内容：职业道德和职业技能。道德是"德"，技能是"才"。具体来说，职业道德就是企业倡导的企业文化——责任心、主动性和自豪感；职业技能，不单指大家必须要掌握的一些从业的基本知识和基本技能。作为一个合格的客户服务人员和营销人员，还必须要对行业的发展变化、市场营销管理、店面管理、企业文化、品牌经营战略、营销体系和营销政策、内部运营体系等有深刻全面的认知，这样才能将企业的文化和价值有效地传递给客户和社会。企业客户服务部的员工都要直接面对客户进行交流和沟通，大家都是企业的一面镜子和窗口，在一定程度上代表着企业，彰显着企业的形象，更需要大家在"德"与"才"上下大力气提高自己的素养，真正成为企业的营销专才和形象大使。如此，则功在企业，利在自己！

一、心理素质要求

（一）"处变不惊"的应变力

所谓应变力，是指对一些突发事件的有效处理能力。作为客户服务人员，每天都面对着不同的客户，很多时候客户会给你带来一些真正的挑战。例如，在宾馆、零售店、呼叫中心工作的客户服务人员，都有可能遇到一些具有挑战性的情况。有时会遇到一些蛮不讲理的客户来争吵，这个时候，作为客户服务人员，你该怎么办？有些年轻的客户服务人员可能一下子就被吓哭了。从来没见过这种情况，客户怎么这么不讲理？赶快报警吧！打电话吧！而一些非常有经验的客户服务人员就能很稳妥地处理这类事情。这就需要客户服务人员具备一定的应变力。特别是在处理一些客户恶意投诉的时候，一名合格的客户服务人员要处变不惊。

（二）挫折打击的承受能力

客户服务人员有可能遭受什么样的挫折和打击呢？比如说，你会不会被客户误解？联想的客户服务人员就是这样，需要上门给客户解决问题。由于整个电脑瘫痪，一位作家存在电脑里边写了一年的稿子统统没有了。这个问题可能不是联想的问题，有可能是因为这位作家在打开 E-mail 的时候接收了病毒。但是这台机器还是得由联想负责维修，那么客户服务人员过来了以后，客户会怎么样？会不会迁怒于客户服务人员？因为客户遭受到了太大的打击，所以需要有一个发泄的渠道。而很多客户服务人员，每天都要面对各种各样客户的误解甚至辱骂，你需要有承受能力。更有甚者，客户越过客户服务人员直接向其上级主管投诉。有些投诉可能是夸大其词，本来这个客户服务人员没有做得那么差，但到了客户嘴里其工作就变得很恶劣，恶劣到应该马上被开除的地步。那么作为你的主管，在客户走了以后就会找你谈话。因此，你需要有承受挫折和打击的能力。

（三）情绪的自我掌控及调节能力

情绪的自我掌控和调节能力指什么？例如，每天接待 100 个客户，可能第一个客户就把你臭骂了一顿，因此你的心情会变得很不好，情绪很低落。你也不能回家，后面的 99 个客户依然在等着你。这时候，你会不会把第一个客户带给你的不愉快转移给下一个客户呢？这就需要掌控和调整自己的情绪。因为对于客户，你永远是他的第一个。特别是一些客户服务呼叫中心的在线服务人员，一天大约要受理 400 个投诉咨询。你需要对每一个客户保持同样的热情度，只要中间有一个环节出了差错，跟客户有了不愉快的口角，你就很难用一种特别好的心态去面对后面所有的客户。因此，优秀的客户服务人员需要具备良好的心理素质。

（四）满负荷付出情感的能力

客户服务人员需要对每一个客户都提供最好、最周到的服务，不能有所保留。对待第一个客户和对待最后一个客户，客户服务人员需要付出同样的热情。对每一个客户而言，客户服务人员都是第一次。客户不知道你前面已经接了 200 个电话，只知道你现在接的是我的电话，并不理解你已经很累了。每个人的这种满负荷情感付出的支持能力是不同的。一般来说，工作时间越长的客户服务人员，满负荷情感付出的支持能力就越强。

（五）积极进取、永不言败的良好心态

客户服务人员在自己的工作岗位上，需要不断地去调整自己的心态。遇到困难、遇到各种挫折都不能轻言放弃。例如，24 小时呼叫中心的呼叫座席会经常收到一些骚扰性电话，这完全是客户的责任。很多时候，有的客户服务人员就打退堂鼓了，觉得干不下去了。因此，客户服务人员需要有一个积极进取、永不言败的良好心态。这些和团队的氛围有很大关系。如果整个客户服务团队是一个积极向上的团队，员工在这种良好团队氛围当中，很多心里的不愉快就能很自然地得到化解。如果不是，那这就要靠自己去慢慢化解。

二、品格素质要求

（一）忍耐与宽容是优秀客户服务人员的一种美德

忍耐与宽容是面对无理客户的法宝，是一种美德。客户服务人员需要有包容心，要包容和理解客户。真正优秀的客户服务人员会根据客户本人的喜好使他满意。不同的客户，性格不同，人生观、世界观、价值观也不同。即使这个客户在生活中不可能成为你的朋友，但在工作中他是你的客户，你甚至要比对待朋友还要好地去对待他，因为这就是你的工作。你要有很强的包容心，包容客户的一些无理，包容客户的一些小家子气。因为很多客户有的

时候就是这样，什么样的情况都会发生。

（二）不轻易承诺，说了就要做到

对于客户服务人员，通常很多企业都有明确要求：不轻易承诺，说了就要做到。客户服务人员不要轻易地承诺，随便答应客户做什么，这样会使自己的工作很被动。但是客户服务人员必须要兑现自己的诺言，一旦答应客户，就要尽心尽力地去做到。

（三）勇于承担责任

客户服务人员经常需要承担各种各样的责任和失误。出现问题的时候，同事之间往往会相互推卸责任。客户服务人员是一个企业的服务窗口，应该去弥补整个企业给对客户带来的所有损失。因此，在客户服务部门，不能说这是别的部门的责任，一切的责任都需要通过你把它化解，这就叫勇于承担责任。

（四）拥有博爱之心，真诚地对待每一个人

拥有博爱之心，真诚地对待每一个人。这个博爱之心是指要达到"人人为我，我为人人"的思想境界。但能做到这一点的人不是很多。日本有的企业在对应聘客户服务人员进行面试的时候，就专门聘用有博爱之心的人。

（五）谦虚是做好客户服务工作的要素之一

拥有一颗谦虚之心是人的美德。谦虚这一点很重要。一个客户服务人员需要有很强的专业知识，什么都要做，什么都要会，但要谦虚，不要认为客户说的话都是外行话。特别是对做维修的人员来说，谦虚更为重要。比如说IT行业的客户服务人员，多数都需要上门提供维修服务。你靠的是专业知识，靠技能提供服务。在这个领域，你可能是专家，客户可能会说出很多外行的话。如果客户服务人员不具备谦虚的态度，就会在客户面前炫耀自己的专业知识，而揭客户的短。这是客户服务中非常忌讳的一点。客户服务人员要求有很全面的专业知识和很高的服务技巧，但你不能因此而在客户面前卖弄自己，不能把客户当成傻瓜。

（六）强烈的集体荣誉感

客户服务强调的是一种团队精神。企业的客户服务人员，需要互相帮助，必须要有团队精神。人们常说某个球队特别有团结精神，特别有凝聚力，是指什么？这主要是指每一个球员在赛场上不是为了自己而进球，他们所做的一切都是为了全队获胜。客户服务人员也是一样，你所做的一切，不是为了表现自己，而是为了能把整个企业的客户服务工作做好。这就是团队

集体荣誉感，这就是团队精神。

三、职业素质要求

（一）良好的语言表达能力

良好的语言表达能力是实现客户沟通的必要技能和技巧。

（二）丰富的行业知识及经验

丰富的行业知识及经验是解决客户问题的必备武器。不管做哪个行业都需要具备专业知识和经验。不仅要懂得如何跟客户沟通、向客户赔礼道歉，而且还要成为掌握产品知识的专家，能够解释客户提出的各种相关问题。如果客户服务人员不能成为业内专业人士，那么有些问题可能就解决不了。作为客户，最希望得到的就是服务人员的尊重与帮助。因此，客户服务人员要有很丰富的行业知识和经验。

（三）熟练的专业技能

熟练的专业技能是客户服务人员的必修课。每个企业的客户服务人员都需要学习多方面的专业技能。

（四）优雅的形体语言及表达技巧

掌握优雅的形体语言及表达技巧，能体现客户服务人员的专业素质。优雅的形体语言、表达技巧指的是一个人的气质，内在的气质会通过外在形象表现出来。举手投足、说话方式、笑容，都表现了你是不是一个专业的客户服务人员。

（五）思维敏捷，具备对客户心理活动的洞察力

对客户心理活动的洞察力是做好客户服务工作的关键所在。所以，这方面的技巧客户服务人员都需要具备。思维要敏捷，要具备对客户的洞察力，洞察顾客的心理活动，这是对客户服务人员技能素质的起码要求。

（六）具备良好的人际关系沟通能力

客户服务人员具备良好的人际关系处理与沟通能力，跟客户之间的交往会变得更顺畅。

（七）具备专业的客户服务电话接听技巧

专业的客户服务电话接听技巧是客户服务人员的另一项重要技能。客户服务人员必须掌握怎么接客户服务电话、怎么提问等方面的内容。

（八）良好的倾听能力

良好的倾听能力是实现客户沟通的必要保障。

四、综合素质要求

（一）"客户至上"的服务观念

"客户至上"的服务观念要始终贯穿于客户服务工作中，因此，客户服务人员需要具备一种客户至上的服务观念。

（二）工作的独立处理能力

优秀的客户服务人员必须具备工作的独立处理能力。一般来说，企业都要求客户服务人员能独当一面，也就是说，你要能自己去独立处理很多客户服务中的棘手问题。

（三）各种问题的分析解决能力

优秀的客户服务人员不但要能做好客户服务工作，还要善于思考，能够提出工作的合理化建议，有分析解决问题的能力，能够帮助客户去分析解决一些实际问题。

（四）人际关系的协调能力

优秀的客户服务人员不但要能做好客户服务工作，还要善于协调同事之间的关系，以达到提高工作效率的目的。人际关系的协调能力，是指在客户服务部门中，如何与同事协调好相互的关系。有的时候，同事之间关系紧张、不愉快，会直接影响到客户服务的工作效果。例如，有些客户服务主管经常抱怨说，每天的工作就是协调下属之间的矛盾。这样直接导致了效率和服务质量的下降。

以上从心理素质、品格素质、技能素质和综合素质这四个方面探讨了一个优秀的客户服务人员应具备的必要条件。通过这些内容，我们应该对客户服务工作有了更清楚的认识。只有当我们了解了客户服务人员应该具备的素质和技能，才有可能在工作中不断地提升自我，自觉地学习优质的服务技能和技巧，从而做好客户服务工作。

知识总结

网络客户服务的岗位能力：

1. 心理素质要求

（1）"处变不惊"的应变力。

（2）挫折打击的承受能力。

（3）情绪的自我掌控及调节能力。

（4）满负荷付出情感的能力。

（5）积极进取、永不言败的良好心态。

2. 品格素质要求

（1）忍耐与宽容是优秀客户服务人员的一种美德。

（2）不轻易承诺，说了就要做到。

（3）勇于承担责任。

（4）拥有博爱之心，真诚地对待每一个人。

（5）谦虚是做好客户服务工作的要素之一。

（6）强烈的集体荣誉感。

3. 职业素质要求

（1）良好的语言表达能力。

（2）丰富的行业知识及经验。

（3）熟练的专业技能。

（4）优雅的形体语言及表达技巧。

（5）思维敏捷，具备对客户心理活动的洞察力。

（6）具备良好的人际关系沟通能力。

（7）具备专业的客户服务电话接听技巧。

（8）良好的倾听能力。

4. 综合素质要求

（1）"客户至上"的服务观念。

（2）工作的独立处理能力。

（3）各种问题的分析解决能力。

（4）人际关系的协调能力。

学习评价

学习评价见表1-3。

表1-3　学习评价

综合实训
实训案例： 　　启明经过一段时间的刻苦学习，对于选择题和填空题胸有成竹，但是对简答题还是没有信心。同学们，为了帮助启明取得好成绩，大家以小组形式帮助启明完成下面三个问题，并且评出最优小组作为启明的助力团。 1. 作为一名客户服务代表，主要的工作职责是什么？ 2. 成为一名优秀的客户服务人员需要具备哪些基本素养？ 3. 你知道客户服务人员需要掌握哪些基本技能吗？
考证训练
每节课前五分钟进行中英文录入练习，要求中文盲打每分钟60个字以上，准确率95%以上，英文盲打每分钟150个字母以上，准确率95%以上，并把测试结果截屏记录

项目二

熟悉网络客户服务工具

教学情景

在同学的帮助下，启明以优异的笔试成绩获得了进"韩伊衣"服装公司客户服务部进行实习的机会。但是企业的工作环境和学校的学习环境完全不一样。上班第一天，启明怀着忐忑的心情在杨组长的带领下来到了淘宝客服组。在一片滴滴声中，启明看见同事的手指在键盘上优美地飞舞，屏幕上显示 20 多个聊天框。启明满脸的羡慕和敬佩，心痒痒地也想试试身手。杨组长看出了启明的小心思，拍了拍他的肩膀说："这是我们公司淘宝客服组与客户交流的通信工具阿里旺旺，以后你要认真学习并掌握阿里旺旺的各种基本操作与功能。并且不同的交易平台所用的即时通信工具各有不同，你要想成为一名优秀的客户服务人员，就要熟悉和掌握各种常见的即时通信工具。目前你先初步了解淘宝、京东这两大网购交易平台所使用的通信工具。"电商客服与实体导购对比见表 2-1。

表 2-1　熟悉网络客户服务工具知识目标、能力目标、素养目标一览表

知识目标	能力目标	素养目标
1. 认识各网购平台的即时通信工具； 2. 了解即时通信工具的重要性； 3. 了解千牛工作台的下载与安装； 4. 掌握千牛工作台的使用	1. 会下载、安装千牛工作台； 2. 熟悉千牛工作台的操作界面； 3. 能熟练设置和使用千牛工作台	1. 适应互联网时代的高速发展，做好良好的心理准备； 2. 培养积极实践的精神； 3. 养成主动学习的良好习惯

学习任务 1　千牛工作台

一、认识常见的网络客户服务工具

不同的交易平台有不同的即时通信工具。常见的及时通信工具见图 2-1。

电商名称	京东	阿里巴巴	苏宁易购	百度	网易
通讯工具图标					
通讯工具名称	咚咚	千牛	苏宁云信	Hi	网易云信

图 2-1　常见的及时通信工具

（一）认识一下咚咚

（1）咚咚登录界面（买家版）见图 2-2，咚咚登录界面（卖家版）见图 2-3。

图 2-2　咚咚登录界面（买家版）

图 2-3　咚咚登录界面（卖家版）

（2）咚咚的功能见图 2-4。

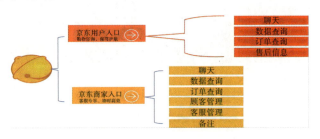

图 2-4　咚咚的功能

（二）认识一下千牛

（1）千牛工作台的下载界面见图2-5。

图2-5　千牛工作台的下载界面

（2）千牛工作台的功能见图2-6。

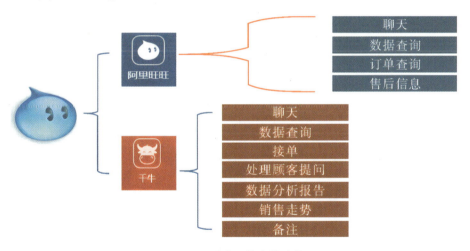

图2-6　千牛工作台的功能

（3）千牛工作台的多端同步使用见图2-7。

图2-7　千牛工作台的多端同步使用

（4）卖家用手机可以接单、处理顾客提出的问题，还可以了解营销数据，查看数据分析报告等。千牛工作台的手机版使用见图2-8。

图2-8　千牛工作台的手机版使用

（三）其他常见的即时通信工具

小型网店的客服工具细分不明显，甚至没有细分，其对即时通信工具的选择主要看店铺选择的平台。

其他即时通信工具方面，百度客服的 Hi，网易客服的网易云信、QQ、微信、飞信、MSN、YY 等都承担着将商务信息传递给顾客，将顾客需求、建议和市场信息传递给商家的功能。

二、下载并安装千牛工作台的详细步骤

淘宝网是亚太地区最大的网络零售商圈，由阿里巴巴集团在 2003 年 5 月创立。千牛工作台（卖家版）是天猫、淘宝等网络平台的客户服务人员最常用的工具，由阿里巴巴集团官方出品，淘宝卖家、天猫商家均可使用。它包含卖家工作台、消息中心、千牛、量子恒道、订单管理、商品管理等主要功能。千牛工作台目前有电脑版和手机版两个版本，其目的是为卖家整合店铺管理工具，经营咨询信息、商业伙伴关系，借此提升卖家的经营效率，促进彼此的合作共赢。淘宝网中 70% 的工作岗位都需要借助千牛工作台。千牛工作台功能齐全、性能稳定，是与顾客沟通的良好桥梁。下面我们就一起学习一下这个工作平台吧！

（一）下载并安装千牛工作台

（1）旺旺卖家版 2014 年 1 月停止更新，新版全面升级为千牛工作台。

（2）千牛工作台是阿里巴巴官方出品的卖家一站式工作台，分为电脑和手机两个版本。千牛工作台电脑版的常用功能包括宝贝管理、店铺管理、货源中心、营销中心、其他五个部分。其中，宝贝管理可以显示已被购买的宝贝，并能直接发布宝贝；店铺管理包括我的店铺、店铺装修、图片空间、子账号管理几个功能；货源中心则可以直达阿里供销平台和 1688 采购批发平台；营销中心集成了量子统计、数据中心和会员关系管理系统；其他则主要有支付宝、阿里学院和淘宝贷款 3 个入口。

（3）详细下载步骤。

第 1 步，下载千牛工作台的各种官方版本。正确的渠道是到 work. taobao. com 这个链接里下载，千牛工作台的下载界面见图 2-9 和图 2-10。

图 2-9　千牛工作台的下载界面 1

图 2-10　千牛工作台的下载界面 2

　　第 2 步，安装千牛工作台和安装其他一般的软件没有什么区别，安装成功后，即可使用淘宝、天猫或者阿里巴巴的账号登录千牛工作台。千牛工作台的登录界面见图 2-11。

图 2-11　千牛工作台的登录界面

（二）千牛工作台主界面

千牛工作台的主界面见图 2-12。

千牛工作台左边为店铺各项目快捷入口；千牛工作台右边上部为店铺各项目数据内容；千牛工作台右边下部为店铺各项目经营情况。

图 2-12　千牛工作台的主界面

学习任务 2　千牛工作台的使用

一、掌握千牛工作台的基本设置

（一）千牛工作台的下载

（1）通过千牛首页（https：//work. taobao. com/）下载。

（2）利用搜索引擎搜索下载（如百度、谷歌）。

（3）使用安全软件或软件商店下载（如 360 卫士、电脑管家）。

（二）千牛工作台头像的修改

（1）点击右上角的接待中心，见图 2-13。

图 2-13　头像的修改 1

（2）点击左上角用户头像，见图 2-14。

图 2-14　头像的修改 2

（3）点击修改，如图 2-15。

图 2-15　头像的修改 3

（4）点击上传图片修改头像，见图2-16。

图 2-16　头像的上传

（三）系统设置

单击千牛工作台右上角的"主菜单"—"系统设置"，即可打开千牛工作台"系统设置"窗口，见图2-17。

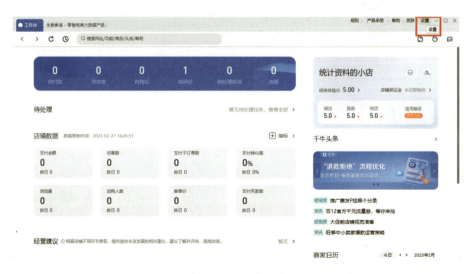

图 2-17　系统设置

（四）个性设置

单击"系统设置"—"接待设置"—"个性签名"，可以进行个性签名设置，见图 2-18 和图 2-19。

图 2-18　个性签名设置 1

图 2-19　个性签名设置 2

（五）安全设置

单击"系统设置"—"接待设置"—"防骚扰"，在右侧可以进行多项防骚扰设置，见图 2-20。

图 2-20　防骚扰设置

（六）客服设置

单击"系统设置"—"接待设置"—"自动回复"，可以进行千牛工作台客服设置，见图 2-21 和图 2-22。

图 2-21　客服设置 1

图 2-22　客服设置 2

二、熟练使用千牛工作台聊天对话框

（1）熟练使用聊天对话框上方的常用功能。

（2）熟练使用聊天对话框右侧的常用功能。

（3）熟练使用对话框下方的常用小工具，见图 2-23。

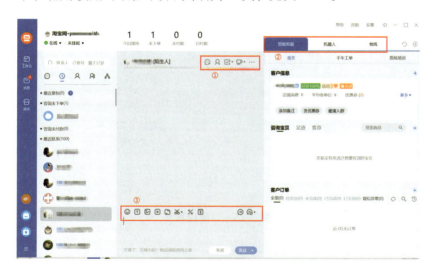

图 2-23　聊天对话框

三、设置和使用千牛工作台

（一）订阅各种常用信息

点击千牛工作台的"消息订阅"，即可根据实际情况进行各种消息订阅，订阅后只要有消息更新，千牛工作台就会自动进行实时通知。

例如：要订阅"新订单"。

（1）点击千牛工作台的"消息中心"—"消息订阅"，打开消息中心的订阅设置，见图2-24、图2-25、图2-26。

图2-24　订阅设置1

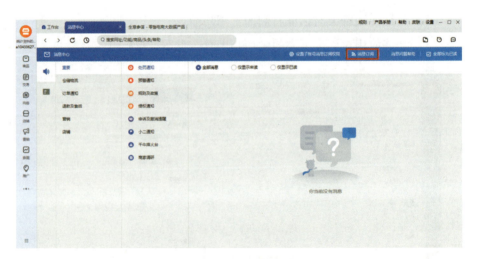

图2-25　订阅设置2

图 2-26　订阅设置 3

（2）查找"新订单"，可以在左侧"订单通知"中查找，见图 2-27。

图 2-27　订阅交易消息

（二）熟悉常用的应用工具

点击千牛工作台左侧的"应用"—"全部应用"，见图2-28、图2-29。

图 2-28 应用 1

图 2-29 应用 2

（三）员工管理

（1）点击千牛工作台左侧的"店铺"—"子账号管理"，见图 2-30。

图 2-30　员工管理

（2）点击"新建子账号"，填写员工基本信息后确认新建，见图 2-31
和图 2-32。

图 2-31　新建员工 1

图 2-32　新建员工 2

（3）点击"岗位权限"，设置或修改岗位权限，见图 2-33 和图 2-34。

图 2-33　设置岗位权限 1

图 2-34　设置岗位权限 2

（4）在"客服"的修改权限窗口，勾选相应的售后权限后点击保存，即可为子账号开通相应的权限，见图2-35。

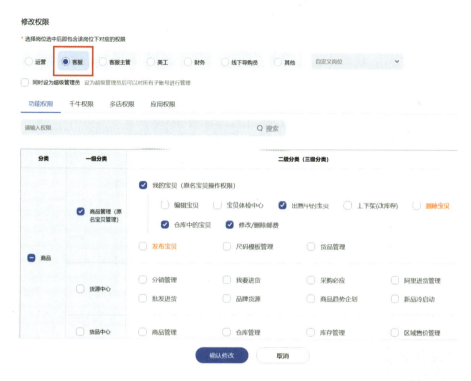

图2-35　设置客服权限

（四）自动回复设置

设置方法：点右上角的"设置"—"系统设置"—"接待设置"—"自动回复"，见图2-36、图2-37、图2-38。

图2-36　自动回复设置1

图 2-37　自动回复设置 2

图 2-38　自动回复设置 3

（五）聊天窗口—客户信息

在千牛工作台的聊天窗口中，右边栏目可以看到当前联系客户的基本情况，包括信誉、好评率、登录时间、注册时间、会员信息、最近交易等客户服务人员需要了解的信息，见图2-39。

图2-39　查看客户信息

（六）聊天窗口—商品推荐

右边栏日点击"推荐"，可以快速查找店铺已上架商品，向顾客推荐商品方便快捷，见图2-40和图2-41。

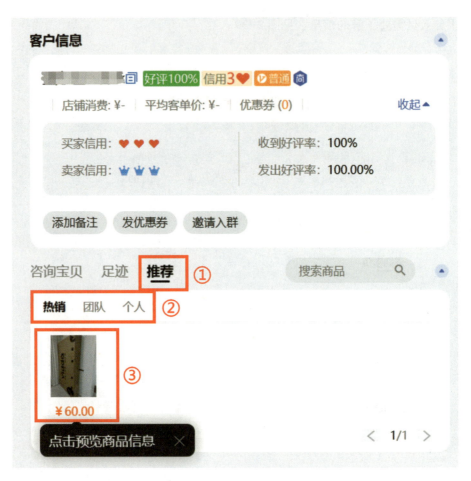

图 2-40　商品推荐 1

图 2-41　商品推荐 2

（七）聊天窗口—订单处理

右边栏目点击"顾客订单"，可以即时对顾客的订单进行改价、备注、买家留言、催付等工作，极大地提高了客户服务工作效率，见图 2-42、图 2-43。

图 2-42　订单处理 1

图 2-43　订单处理 2

（八）设置快捷短语

客户服务工作经常遇到的问题是，咨询的买家很多都是问相同的问题，但是要是一个一个手动回复的话，很慢也很费力，那么将公司规范的话术设置成快捷短语，可成倍提高工作效率，见图 2-44。

图 2-44　设置快捷短语

综合实训

1. 注册淘宝会员

2. 下载阿里旺旺卖家版

3. 阿里旺旺的使用

（1）登录阿里旺旺。

（2）添加 5 位好友。

（3）给一位好友发送一条内容为"您好，欢迎光临本店，我是客服某某（你的昵称），很高兴为您服务，有什么可以帮助您的吗？"的信息，设置字体为隶书，大小为 18 号，并在最后加入一个表情。

（4）将对话截屏。

（5）编辑常见的快捷短语，保存到快捷短语库中。

（6）学会使用系统设置，并创建一个群，将同学拉入其中。

项目三

售前客户服务

教学情景

启明被安排在了售前客户服务岗位。本店有一款销量很好的产品断货了，只能下周左右到货。但是这几天仍然有很多顾客前来咨询。

顾客：您好

客服启明：您好！

顾客：店家，A 这件衣服有货吗？

客服启明：A 还没有到货。

客服启明：亲，估计要到下周左右到货呢。亲可以考虑一下要 B 款。B 款跟 A 类似，正在做活动。发链接给您看一下哈！

顾客：哦哦，好，看看。

客服启明：您好！现在看了这款产品觉得怎样？

顾客：就你推荐的这个。

顾客：先拍两件试试，呵呵！

客服启明：好的，嘿嘿。亲，拍下后跟我说一下哈，跟您核对收货地址。

客服启明：拍下了吗，亲？

顾客：拍了。

买家需要购买的产品正好没有，一般的客户服务人员直接的答复就是说没有货了，这样搜索进来的顾客会失望地走开，白白浪费了流量。如果有质量差不多，性价比高的产品，优秀的客户服务人员会主动向顾客推荐。

现在我们和启明一起来完成下面的学习任务并且达到如表 3-1 所示的学习目标。

表 3-1 售前客户服务知识目标、能力目标、素养目标一览表

知识目标	能力目标	素养目标
1. 了解促销的目的和方法； 2. 掌握常见网络促销活动及各类促销活动的具体形式	1. 能够按照要求进行促销活动； 2. 能熟练制作《促销活动执行手册》； 3. 能够完成一次交易对话； 4. 能够完成一次关联商品推荐的交易	1. 适应互联网时代的高速发展，做好良好的心理准备； 2. 树立正确的电子商务价值观，主动学习，具有较强的实践精神； 3. 具有团队合作意识

学习任务 1　促销活动

一、什么是促销？

促销活动，顾名思义，就是为了促进某种商品或服务的销售而进行降价或是赠送礼品等的行为活动，其能在短期内促进销售，提升业绩，增加收益。网店促销形式见图3-1。

图 3-1　网店促销形式

二、促销活动的种类及目的

（一）促销的种类

（1）限时促销，即在特定营业时段内，提供优惠商品，刺激消费者购买的促销活动。限时促销见图3-2。

图 3-2　限时促销

（2）面对面销售，即直接与顾客面对面进行促销和销售的活动。

（3）赠品促销，即消费者免费或付出某些代价即可获得特定物品的促销活动。赠品促销见图 3-3。

图 3-3　赠品促销

（4）免费试用，提供免费样品供消费者使用的促销活动。免费试用见图 3-4。

图 3-4　免费试用

（二）促销活动的目的

（1）处理库存。

（2）提升销量。

（3）打击竞争对手。

（4）新品上市。

（5）提升品牌认知度及美誉度。

三、促销活动的目标及主题

（一）促销活动的目标

目标选择直接影响到促销的最终效果。

（1）活动针对的是目标市场的每一个人还是某一特定群体。

（2）活动控制的范围。

（3）促销的主要人群目标。

（4）促销的次要人群目标。

（二）促销活动的主题

（1）确定促销活动主题。

（2）包装促销活动主题，选择什么样的促销工具和什么样的促销主题，
要考虑到活动的目标、竞争条件和环境及促销的费用预算和分配。促销包括
下列方式：

①降价；

②价格折扣；

③赠品；

④抽奖；

⑤礼券；

⑥服务促销；

⑦演示促销；

⑧消费信用；

⑨其他促销方式。

四、促销活动的过程

（一）促销方案设计过程

促销方案设计过程见图3-5。

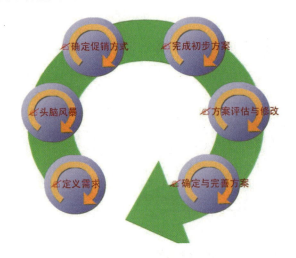

图3-5　促销方案设计过程

（二）促销方案实施过程

促销方案实施过程见图3-6。

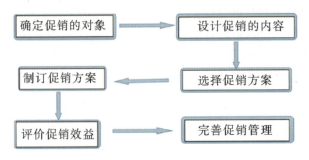

图3-6　促销方案实施过程

五、小结

通过了解促销的目的和方法，明确促销活动的目标及主题，掌握网络促销方案设计，能够按照要求实施促销活动。

六、作业

设计一个中秋节超市的促销活动

要求：

（1）明确的目的。

（2）明确的目标。

（3）完善的方案。

（4）活动合理可实施。

（5）完成一张活动海报（大小为 1 920×600 像素）。

学习任务 2　常见的促销活动

一、常见的促销活动

（一）降价优惠

降价优惠是直接降低产品的售价以吸引消费者购买的促销形式。降价优惠有两种表现方式：折扣和特价。

（二）组合购买优惠

组合购买优惠是指 A 商品与 B 商品搭配出售，当消费者购买时可享有比分开个别购买更大的优惠。组合购买优惠促销见图 3-7。

图 3-7　组合购买优惠促销

（三）包邮

包邮是网络店铺最常见，也是独有的促销形式之一。

如：满 m 件，包平邮/快递：3 件包江浙沪快递，4 件包外省平邮。

满 m 元，包平邮/快递：购满 58 元包平邮，满 99 元包快递。

包邮促销见图 3-8。

图 3-8　包邮促销

（四）秒杀

"秒杀"是卖家发布一些超低价格的商品，供所有买家在同一时间网上抢购的一种销售方式。由于商品价格低廉，特价商品往往一上架就被抢购一空，有时只用 1 秒钟。

秒杀促销见图 3-9。

图 3-9　秒杀促销

（五）网上赠品（免费样品）促销

赠品促销是在新产品推出试用、产品更新、对抗竞争品牌、开辟新市场情况下采取的促销方式。采用赠品促销可以达到比较好的促销效果。

免费样品最常在新商品上市或特殊性商品需试用才能知道其优点时使用。免费样品是吸引消费者尝试使用的很好的方法，使用免费样品促销手法可以鼓励商品试用。

赠品（样品）促销见图3-10。

图3-10 赠品（样品）促销

（六）拍卖

拍卖是比较普及的一种促销方式。网络店铺中的拍卖，也就是将商品以拍卖的形式发布出来，在规定的截止时间，出价最高的顾客最终购得商品，因为刚发布时商品的价格较低，所以会比一口价形式发布的商品更吸引顾客的眼球。拍卖促销见图3-11。

图3-11 拍卖促销

（七）折价（优惠）券

折价（优惠）券是指凭券购买特定商品，可享有折价的优惠，折价方式可以折让价或折扣数来表示，例如：购买A商品，原价120元，本券折价 20 元或凭券购物享九折优惠，由于折价券兼具促销与广告双重功能，因此运用得相当广泛。

优惠券促销见图 3-12。

图 3-12　优惠券促销

（八）抽奖促销

抽奖促销是网上应用得较广泛的促销形式之一，是大部分网站乐意采用的促销方式。抽奖促销是以一个人或数人获得超出参加活动成本的奖品为手段进行商品或服务的促销方式。

网上抽奖活动主要用于调查、产品销售、扩大用户群、庆典、推广某项活动等。消费者或访问者可以通过填写问卷、注册、购买产品或参加网上活动等方式获得抽奖机会。

抽奖促销见图 3-13。

图 3-13　抽奖促销

（九）团购

团购指认识或者不认识的消费者联合起来，加大与商家的谈判能力，以求得最优价格的一种购物方式。根据薄利多销、量大价优的原理，商家可以给出低于零售价格的团购折扣和单独购买得不到的优质服务。

对于商家来说，团购可以利用成熟团购网强大的媒体整合资源，系统化推广，节省推广费，得到体验用户数据，展示良好产品服务，得到回头客机会，顺便产生收益，挖掘再次销售。

团购促销见图 3-14。

图 3-14　团购促销

（十）返还现金

返还现金，即消费者在购买商家或企业一定数量的产品后，有条件或无条件地获得商家或企业部分或全部购物金额的退还，其目的是刺激消费者更多购物，更多消费。

返还现金促销见图 3-15。

图 3-15　返还现金促销

（十一）赠送红包

赠送红包是支付宝的一项功能，即在支付宝账户里冻结一部分钱，作为红包资金送给顾客。

赠送红包促销见图3-16。

图3-16　赠送红包促销

（十二）积分促销

积分促销在网络上的应用比起传统营销方式要简单和易操作。网上积分活动很容易通过编程和数据库等来实现，并且结果可信度很高，操作起来相对较为简便。积分促销一般设置价值较高的奖品，消费者通过多次购买或多次参加某项活动来增加积分以获得奖品。

积分促销见图3-17。

图3-17　积分促销

（十三）会员优惠

会员优惠指针对拥有会员卡的消费者，在消费时享有特定的优惠条件，其优惠条件可有不同的组合，例如：会员独享特价优惠；凭会员卡购满××元即送××；会员专购商品区等。

会员优惠促销见图 3-18。

图 3-18　会员优惠促销

二、作业

（1）上网了解网络促销活动的目的，掌握常见网络促销活动及各类促销活动的具体形式，并填写表 3-2。

表 3-2　常见的促销活动及其具体形式

序号	活动方式	活动目的	举例
1			
2			
3			
4			
5			
6			
7			
8			
9			
10			
11			
12			
13			

（2）根据表 3-2 中的活动方式为一食品店设计一个双十一的活动海报。
要求：活动合理切实可行，海报美观大方，突出活动主题。

学习任务 3　促销活动的送达

一、促销活动送达的目的

店铺经常会推出各种各样的促销活动，也会参加一些平台发起的大型促销活动，比如年终大促或聚划算。平台应将促销活动规则和操作细节，有效地传达给每一个一线销售人员以保证活动的顺利进行，保证活动期间一线销售人员接待和解释的一致性，避免不必要的失误。

促销活动见图 3-19。

图 3-19　促销活动

二、促销活动送达的方式

促销活动送达的方式：会议通知、旺旺通知、邮件通知等。

促销活动送达方式见图 3-20。

会议通知

1. 活动形式
2. 活动主题
3. 活动目标
4. 活动细则
5. 注意事项
6. 标准快捷回复

旺旺通知

邮件通知

图 3-20　促销活动送达方式

会议通知最为常用，因为会议是面对面的交流方式，如果有问题可以马上解答，以保证信息的有效传递。通常管理者会对活动形式、活动主题、活动目标进行一个说明。

例如：这次活动的名称是叫"情人节专场"还是叫"新学期特价"……是团购还是买赠活动，是全场五折大促还是买满多少元换购礼物……活动的目标是为了把库存清零，还是为了提高产品使用率。

三、促销活动手册

（一）促销活动手册的使用

活动的细则如何规定，在操作中应该注意到哪些细节，比如说这个活动是提高产品使用率的，要求每个 ID 只能拍一件，以免顾客误操作。下发统一编写的快捷回复，这样可以在活动期间尽可能地提高工作效率。

养成良好的工作习惯可以有效地避免失误，自己动手制作一个《促销活动执行手册》就是一种很好的工作方式。

（二）促销活动执行手册内容

（1）活动形式。

（2）活动主题。

（3）促销内容。

（4）活动细则。

（5）活动资料。

（6）简明流程。

（7）答顾客问。

（8）注意事项。

（三）促销活动执行手册模板

促销活动执行手册模板见表3-3。

表 3-3　促销活动执行手册模板

活动名称	活动形式	活动主题	促销内容	活动细则	活动资料	简明流程	活动标准快捷回复	注意事项	备注
活动1									
活动2									
活动3									

四、小结

通过学习了解促销送达的目的，掌握促销送达的方式，能熟练制作《促销活动执行手册》。

五、作业

请根据下列"三八妇女节"促销活动制作该活动执行手册。

促销活动方案："三八妇女节"促销活动。

秒杀活动简介：

烨煌电器专营店的"三八妇女节"秒杀促销活动是推出限量的热门款式电熨斗（W123F）和电热水壶（1215 HS）进行促销，然后规定由3月8日分时段开始秒杀销售，时间过后立刻恢复原价。

学习任务 4　促成交易

一、网店买家购物心理

说服客户促成交易也是一门技术，当你有了一定的流量，你就得靠说服客户来增加自己的销售量，它需要了解客户心理。商家必须弄清楚了买家的心理，知道他（她）在想什么，然后才能根据情况，进行有针对性的有效沟通，进而加以引导。因此，洞悉买家的购物心理极其重要。

客户分析见图3-21。

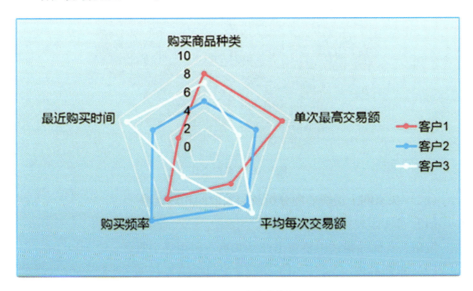

图3-21　客户分析

（一）买家常见的五种担心

（1）卖家信用是否可靠。

策略：对于这一担心，我们可以用交易记录等来对其进行说服。

（2）价格低是不是产品有问题。

策略：针对这一担心，我们要给买家说明价格的由来，为什么会低，低并非质量有问题。

（3）同类商品那么多，到底该选哪一个。

策略：可尽量以地域优势（如快递便宜）、服务优势说服买家。

（4）交易安全：支付宝？私下转账？当面？

策略：可以采用支付宝安全交易的说明来打消买家的顾虑。

（5）收不到货怎么办？货实不符怎么办？货物损坏怎么办？退货邮费怎么办？买家迟迟不付款，犹豫。

策略：可以以售后服务，消费者保障服务等进行保证，给予买家信心。

客户心理见图3-22。

图 3-22　客户心理

（二）买家网上消费心理分析及应采取的相应策略

（1）求实心理。

策略：在商品描述中要突出产品实惠、耐用等字眼。

（2）求新心理。

策略：只要稍加劝诱，突出"时髦""奇特"之类的字眼，并在图片处理时尽量鲜艳即可。

（3）求美心理。

策略：卖化妆品、服装的卖家，要注意在文字描述中写明"包装""造型"等字眼。

（4）求名心理。

顾客消费动机的核心是"显示"和"炫耀"，同时对名牌有一种安全感和信赖感。

策略：采取投其所好的策略。

（5）求廉心理。

求廉心理是"少花钱多办事"的顾客心理动机，其核心是"廉价"和"低档"。

策略：只要价格低廉就行。

（6）偏好心理。

策略：只要了解他（她）们的喜好，在产品文字描述之中可以加一些"值得收藏"之类的字语。

（7）猎奇心理。

策略：对于这类顾客，只需要强调商品的新奇独特，并赞美她们"有远见""识货"。

（8）从众心理。

策略：可以根据这种心理优化描述文字，再加上价格的优势，很容易聚拢人气，后来者就源源不断。

（9）隐秘性心理。

有顾客不愿别人知道购买的东西。

策略：我们可以强调隐秘性。

（10）疑虑心理。

策略：和顾客强调产品的质量经得起考验。

（11）安全心理。

买家担心食品、卫生用品、电器等的安全性。

策略：给予解说，并且用上"安全""环保"等字眼，效果往往比较好。

二、如何说服客户促成交易

（一）向人们展示其他人在做什么

人们观察他人，并经常模仿他人的行为，尤其是在一些他们不确定的事情上，这种心理现象被称为"社会证明"。人们会觉得安心，并且经常以他人的行为为基础进行决策。他们假设他人拥有更多的知识或者比他们自己知道得更多。

你能够通过以下方式增强在线社会证明：

（1）展示最热门的条目。

（2）展示"买了这些的顾客还买了哪些"。

（3）展示最畅销的东西。

（4）展示证明书或者奖状。

另外，人们会做那些他们所喜欢的人正在做的事。

（二）提供用户评论

用户评论会对人们的购买决策产生巨大的影响。由于 web2.0 和社交媒体的快速成长，用户评论成为网站的重要组成部分。让你的用户在网站上写评论，让他们对产品和服务进行总体评级——毕竟，这些是你网站的免费内容。与营销人员相比，网络用户更愿意相信那些像他们一样的用户所说的话。对于旅游和电子产品网站来说，评论尤其重要。

人们通常需要查看用户评论，如果他们在你的网站上找不到评论，他们会到别处去看。在网络上没有任何东西可以隐藏起来，因为你必须将他们保存在你的网站上。另外，不要害怕负面评论。用户在一千米之外就能闻得出来这个网站是否被"编辑"过，这会让他们不相信你说的任何话。你应该准备好对顾客的负面评论进行快速的反应，而不是删除。

（三）展示商品的稀缺性

稀缺产生需求，并鼓励人们更快地购买。人们想要那些他们认为他们不能拥有的东西，社会心理学表明，失去是一种比得到更强烈的感情。

你能够通过展现以下的词语来表现稀缺：

（1）仅剩 1 星期。

（2）只有两个库存。

（3）最后清仓。

（4）暂无商品，添加至期望清单。

（5）此商品还剩 2 天 4 小时 3 分 17 秒售罄（可用计时器）。

淘宝网上经常推出限时抢购，这样做给访问者一种紧迫的感觉，他们需要在这些商品都卖出去之前预订。关于决策的研究也表明，与人们从来没有拥有某样物件相比，当人们感觉他即将失去该物件时，他会认为此物件更有价值。

（四）通过图片和视频来说服

在产品销售方面，尤其对高价值和奢侈性产品，图像是一种非常具有说服性的工具。因此，确保提供商品的高清晰图片。它让人们对其将要购买的产品放心大有帮助。图片必须：

（1）拥有专业的质量。

（2）提供不同的观察视角。

（3）可放大的。

（4）说明大小和使用场景。

例如，很多卖服装的网站推出实拍视频片段，让模特们身穿他们的衣服，走着猫步，这让你对商品的外观拥有更好的感觉和感受。随着带宽的增长，这可能是一些网站未来的发展趋势。看视频比阅读所需要的努力少得多，并能够提供更丰富的体验。记得让用户能够选择，而不是在打开网站时自动播放视频。

（五）交叉销售和提升销售

那个建议"嘿，为什么我们不问顾客是否要点炸土豆条？"的人会变得更强。一旦人们决定要购买，说服他们买更多的东西将会变得容易，因为他们的一只脚已经踏进门里了。在网络上，这一原理仍然有效。

不要低估交叉销售和提升销售所带来的潜在利润。像在真实商店里一样，向用户展示相关商品和额外产品。这会使人们更快和更容易地购买更多商品。

（六）展示权威

权威原理表明，我们更容易被权威所说服。例如，淘宝网上卖化妆品经常会在商品标题上列出"牛尔（知名美容教父）推荐"，你更倾向于听权威的建议。同样，展示权威和专家的网站更容易被相信。对于 B2B 网站来说，这更重要。你可以通过以下方式展示权威：

（1）表明你是一个专家。

（2）展示第三方网站的数据和链接。

（3）参考政府和权威机构。

（4）展示权威的符号和图片。

（七）缓和人们的担忧情绪

如果我想退货怎么办？存在隐性的成本吗？这些是购物者可能有的一些担心情绪。如果你想说服人们和你做生意的前提是你需要降低这种情绪，那么快速地解答这些顾虑能够对人们产生积极的影响，并减少他们的担心。

简单来说，说服就是给你的用户提供做出适当选择时所需要的信息，帮助他们信任你并减轻他们的任何顾虑。

三、作业

两两一组完成一次完整的促成交易对话。

学习任务 5　关联商品推荐

一、让客户听你说

向客户推荐产品，就要学会根据客户的需求方向去"说"。"说"就是向客户介绍产品，继而要引发这个客户对产品的兴趣，并且根据他的反应调整推荐产品的方向。

"关联商品推荐"。关联商品推荐的关键就是产品之间要有共性，这一点非常重要。在客户咨询的产品和客户服务人员向他推荐的产品之间，一定要考虑这两样东西之间是不是有共性，这样才能更精准地做出推荐。关联商品的推荐不但应该考虑产品间的共性，还要结合生活经验去考虑使用者的实际情况。在线销售客户服务人员做关联商品推荐的时候，不但要全面考虑产品相互之间的共性，还需要通过数据摸索出店铺内以往所有买家购买产品时的规律，那么我们的关联商品推荐才能达到更好的效果。

熟练地使用这些常用功能和小工具，不仅可以提高我们的工作效率，还可以减少交流的障碍，使沟通变得更为顺畅。

利用工具见图3-23。

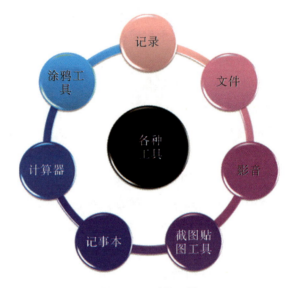

图 3-23　利用工具

二、问出客户的心声

向客户推荐产品，还要学会根据客户的需求方向去"一问"。买家通常都是不专业的，在很多时候他不清楚自己究竟想要什么，那么我们就需要通过"问"来挖掘他的真实需求，这样才能有针对性地做出推荐。

所以我们可以认为"问"在一定程度上是为"说"服务的，只有你问出他真正的需求了，你才能够针对他的需求进行服务。但是要注意的是，在"问"的同时还要做到"三分问、七分听"，在"问"之后给出空间和余地让买家去思考和回答。我们要懂得倾听，从买家的阐述当中去获取一些潜在的真实信息，以便我们后边的"说"能够更加精准。

从更深一层来分析，"问"的方式还可以分为两种：

第一种，是封闭式的问题。

如果用我们熟悉的考试题目来做比喻，那么我们可以把封闭式的问题看成是选择题或者是非题，你给出去的问题可能有的答案通常不能超过三个，建议基本上是两个为佳——好或者不好、是或者不是、有或者没有……都可以。

第二种，是开放式的问题。

同样以考试题目来做比喻的话，我们可以把开放式的问题等同于思考题、议论题。开放式的问题相当于是给客户一个问题让他自己去思考，并不给出任何预设答案，以便得到更多可以参考的信息。

我们在实践中发现：在售中沟通的时候更适合采用封闭式的问题，因为我们需要引导客户，根据你的经验给他一些简短的分析；而开放式的问题则更适合一些对自己的需求很模糊，只能提出问题而没办法给出结果的客户，所以这种方式在售后的时候比较适用。因为买家那个时候是很需要安抚的，甚至可能是来发泄的，用开放式问题可以给他们更多释放的空间，以有利于问题的最终解决。

三、总结

综上所述，"说"和"问"是在推荐产品的时候最重要的两个技巧，应该用"说"来结合"三分问、七分听"的方式，去引导客户表达出他内心真正的想法和需求。而在进行"说"和"问"的时候，还应该注意以下几个重点：

（1）提问是为了挖掘客户的真正需求，也是一种服务，所以切忌语气过于生硬。

（2）为了能根据"问"的结果精准地向客户推荐其所需，这就要求我们更加熟悉店铺里的产品特性，同时还要及时接受已购买的客户反馈，加深对我们产品的了解。

（3）"说"的时候要能够站在对方的角度考虑问题，并且要明确地把客户的利益喊出来，把他们的痛处提出来以取得共鸣，再及时给出解决方案，才能使客户更愿意接受我们的推荐。

（4）要时刻体现我们的诚信态度，当店铺里有优惠活动的时候，要及时告知客户。因为做到了这一点，客户才会觉得我们是真正为他们考虑的，反而会增加客户的黏度。

四、小结

（1）盲目推荐产品没有效果（三分听七分问）。

（2）精准地推荐客户所需（熟悉产品特性）。

（3）提问是为了挖掘需求（语气切忌生硬）。

（4）推荐时站在对方角度（明确客户利益）。

（5）有优惠活动及时告知（体现诚信态度）。

五、作业

假如你是一个网店的客户服务人员，该网店销售的是教科书，某一天一个顾客到该网店购买西南财经大学出版社的《客户服务》这本书，可是不巧的是现在没有货了，你该怎么办？

请根据以上要求完成这次交易。

项目四

售中客户服务

教学情景

启明通过轮岗，现在在售中客户服务岗位。

客户：（某商品的链接）这个实物好看吗？

客服启明：本店所有产品是在自然光下实物拍摄的，实物与图片一样美！请放心，我们的产品质量是有保证的，我们的承诺是到货一周内无理由包退换。

客户在网上购物，不能触碰到商品，自然对商品的质量有所担心，这时要理解客户的心理，用真诚的话语将店铺所做的努力表达出来，打消客户的顾虑。并用勇于承担交易风险的措施让客户放心购买。或者用赞美的技巧，推荐商品给客户。售中客户服务知识目标、能力目标、素养目标一览表见表4-1。

表4-1　售中客户服务知识目标、能力目标、素养目标一览表

知识目标	能力目标	素养目标
1. 了解支付异议产生的原因； 2. 掌握支付异议的常见应对方式； 3. 熟悉处理支付异议的语术	1. 了解常见的交易支付方式； 2. 掌握网络交易全部流程； 3. 会处理交易订单； 4. 能处理常见交易异议； 5. 具有客户应答技巧	1. 树立良好的客户服务意识； 2. 养成良好的网络礼仪； 3. 培养对客户服务工作的热情、耐心； 4. 培养积极实践的精神； 5. 养成主动学习的良好习惯

学习任务 1　支付异议处理

一、网上购物的支付方式介绍

在我国电子商务发展的过程中，B2C、C2C电子商务产生了多种支付方式，包括汇款、货到付款、网上支付、电话支付、手机短信支付等方式，并且这些方式同时存在。

（一）汇款

银行汇款或邮局汇款是一种传统支付方式。邮局汇款是顾客将订单金额通过邮政部门汇到商户的一种结算支付方式。采用银行汇款或邮局汇款，可以直接用人民币交易，避免了诸如黑客攻击、账号泄漏、密码被盗等问题，

对顾客来说更安全。但采用此种支付方式的收发货时间长。此外，顾客还必须到银行或邮局才能进行支付，支付过程比较烦琐。对于商家来说，这种交易方式也无法体现电子商务高速、交互性强、简单易用且运作成本低等优势。因此，这种支付方式并不能适应电子商务的长期高速发展。

（二）货到付款

货到付款又称送货上门，指商户按照客户提交的订单内容，在承诺配送时限内送达客户指定交货地点后，双方当场验收商品，当场交付货款的一种结算支付方式。目前，很多购物网站都提供这种支付方式。这是一个充满中国特色的 B2C 电子商务支付方式、物流方式，既解决了中国网上零售行业的支付和物流两大问题，又培养了客户对网络的信任。但是，将支付与物流结合在一起存在很多问题。首先，付款方式采用现金付费，因此只局限在小额支付上，对于商家的大额交易则无法实现。其次，由于送货上门受到区域的局限，而快递费用又较高，所以顾客选择最多的还是普通邮寄，这就会带来时间损耗，给用户造成不便。

（三）网上支付

所谓网上支付，是以金融电子化网络为基础，以商用电子化工具和各类交易卡为媒介，以电子计算机技术和通信技术为手段，以二进制数据形式存储，并通过计算机网络系统以电子信息传递形式实现的流通和支付。

网上支付仍是电子支付形式中的绝对主力，国内目前采用的网上支付方式主要有：银行卡支付方式、电子支票支付方式和电子货币支付方式。其中比较成熟的是银行卡支付方式，银行卡支付方式是目前国内网上购物实现在线支付的最主要手段。

1. 网上银行卡转账支付

网上银行卡转账支付指的是电子商务的交易通过网络，利用银行卡进行支付的方式。客户通过网络向商家订货后，在网上将银行卡卡号和密码加密发送到银行，直接要求转移资金到商家银行账户中，完成支付。银行卡包括信用卡、借记卡和智能卡等。

我国网上银行卡转账支付可以分为有数字证书和无数字证书两种方式。一般的用户如果不去银行申请启用有数字证书保护的网上支付功能，就只能使用无数字证书保护的网上支付。不启用数字证书保护的网上支付在功能上会有一定的限制，例如只能进行账户查询或只能进行小额支付。而启用数字证书保护的网上支付不仅拥有更高的安全性，而且能享受网上银行所提供的全部服务，支付的金额不受限制。

  银行卡网上直接转账支付存在着安全性和方便性方面的矛盾，例如要启用数字证书保护，付款人必须向银行申请安装数字证书，下载指定软件等多道手续，对有些对电脑操作不熟悉的顾客而言就很难实现了。另外，因客户直接将货款转移到商家的账户上，如果出现交易失败的情况，那么讨回货款的过程就可能变得非常烦琐和困难。

  2. 第三方支付平台结算支付

  第三方支付平台结算支付是指客户和商家都在第三方支付平台处开立账户；各自将银行账户信息提供给支付平台的账户中，第三方支付平台通知商家已经收到货款，商家发货；客户收到并检验商品后，通知第三方支付平台可以付款给商家，第三方支付平台再将款项划转到商家的账户中。这样客户和商家的银行账户信息只需提供给第三方支付平台，比较安全，且支付通过第三方支付平台完成，如果客户未收到商品或商品有问题则可以通知第三方支付平台拒绝划转货款到商家。而商家则可以在货款有保障的情况下放心发货，有效地降低了交易风险。第三方支付平台结算支付是当前国内服务数量最多的支付模式。国内目前第三方支付公司中，比较知名的有阿里巴巴的支付宝、易趣的安付通、贝宝、腾讯的财付通、易宝、网银在线、银联电子支付等。第三方支付平台见图4-1。

图 4-1　第三方支付平台

二、支付异议处理

部分客户由于对一些网站购物流程不是太了解，找到满意商品之后不会或者不敢在网上付款。一般这样的问题应该如何回答（以淘宝网购物为例）？

（一）淘宝新人购物三部曲

第一步：注册淘宝，免费获得支付宝账号。

第二步：选择以下任意一种方式，开通网上支付功能。

（1）开通银行卡网上支付功能。

（2）办理网上购物专属卡——支付宝卡通。

（3）去邮局办理"网汇 e"汇款。

第三步：已成功具备网上购物条件，立即去淘宝挑宝贝吧。

（二）使用支付宝是否要收费？会不会付了款收不到货？

目前在淘宝上使用支付宝交易，全部免费，绝对不收取任何费用。

支付宝交易流程：买家拍下商品，支付宝通知买家付款（当前交易状态为等待买家款）→支付宝公司收到买家的付款后，通知卖家发货（交易状态更改为买家已付款，等待卖家发货）→卖家操作发货后（交易状态更改为卖家已发货，等待买家确认）→在买家确认收货后，支付宝公司把交易钱款转至卖家的支付宝账户（当前交易状态为交易成功）。简单来说，买家第一次的付款，只是把钱款支付到支付宝公司，待买家收到货，确认货物没有问题，点击确认收货进行第二次付款时，钱款才会从支付宝公司账户转至卖家的支付宝账户。支付宝交易流程见图 4-2。

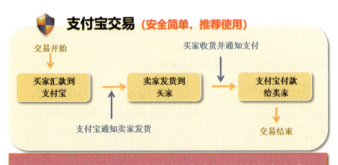

图 4-2　支付宝交易流程

（三）付款后上当怎么办？

支付宝是针对网上购物诚信问题的解决方案，付款后钱是存在支付宝的中间账号，并未给卖家，在买家确认收货后，钱才付给卖家。如果对货物不满意，您可以申请退款。

（四）支付宝到底有多少种付款方式？

支付宝有网上银行、支付宝卡通、邮政网汇e、支付宝账户余额这四种付款方式。

（1）网上银行付款：如果您有银行卡，请先开通网上银行。开通后您就可通过网上银行直接付款。

（2）支付宝卡通付款：如果您不想使用网上银行，您可以申请"支付宝卡通"。它无须开通网银，无须银行卡号和密码，付款安全、简单。

（3）邮政网汇e付款：您可以在邮政网点通过网汇e给您的支付宝账户线下充值。没有额度限制，充值成功后就可以用账户余额付款。

（4）支付宝账户余额付款：您可以通过网上银行、支付宝卡通、邮政网汇e向您的支付宝账户充值。成功后，就可以用支付宝账户余额在网上进行购物和付款。

（五）网上银行如何开通

（1）网上直接开通网银：在银行的官方网站上可以直接在线开通网上银行，方便又快捷。

农行：借记卡可在线申请电子支付卡。

招行：一卡通、信用卡可以在线开通。

广发：信用卡可以在线开通。

民生：借记卡可以在线开通。

兴业：借记卡/兴业e卡可以在线开通。

深发展：借记卡可以在线开通。

（2）需要到柜台办理：以工行为例介绍柜台办理流程。

直接去柜台办理，携带本人有效证件及注册网上银行时使用的牡丹卡前往工商银行任何一个储蓄所，提交网上银行业务申请单，并向柜台申请开通"电子商务"功能。

三、常用话术

（1）提醒客户服务费，并确认付款方式。

销售话术：亲，您有支付宝吗？如有，个人建议您使用支付宝比较划算呢，货到付款还要根据您的已付金额收取 3% 的服务费，最低 10 元起呢。

（2）若客户没有支付宝，要求银行汇款，商城店不可以银行汇款。

销售话术：亲，非常抱歉，商城店不可以使用银行汇款的哦，不如您用货到付款吧！

（3）若客户选择货到付款，核实地址与快递费用，确认好后备注：已确认发顺丰货到付款+总金额+名字+日期。

销售话术 1：亲，货到付款快递为顺丰，广东省内运费 12 元，省外 20 元。配送速度较快哦！

销售话术 2：亲，您拍的是货到付款，我跟您核对一下信息，发顺丰快递，您到时候总共应付×元现金给快递员，请问您留的电话是本人号码吗？

若客户不会使用货到付款，则告诉其货到付款的操作流程，一步步教会顾客。

销售话术：亲，不用担心，http://bangpai.taobao.com/group/thread/274625-4084584.htm，这个是我们制作的货到付款操作流程图，您对照来一步步操作，有哪里不明白的可以随时问我哦，我是客服××！

（4）若客户说有支付宝，选择支付宝方式，则发送支付宝使用教程给客户，因为选择货到付款的一般为新手。

销售话术：亲，这是支付宝使用教程 http://abc.alipay.com/show-how/paymentAccount.html#s1-1，我是客服××，随时为服务！

（5）如果客户说没有支付宝，货到付款又不支持，可以推荐使用找人代付的方法。

销售话术：亲，您还可以选择他人代付的方式哦，找人代付流程：http://abc.alipay.com/showhow/paymentOtherPay.html#s1-1-1。

四、作业

用表格的形式总结以下三个问题：

（1）支付异议产生的原因。

（2）支付异议的常见应对方式。

（3）支付异议处理的语术。

学习任务 2　常见商品异议

一、常见商品异议分类

（一）客户犹豫不决

销售过程中经常碰到客户对 2 件或多件产品对比，难以取舍。如何帮助顾客挑选，尽快让客户做决定？

分析：作为一名客户服务人员，其实我们不是在卖产品，更多的时候是在帮顾客做选择，当顾客对 2 个或 2 个以上的产品都很感兴趣，但是又不想全买，势必会让我们来帮他做选择。首先，我们要了解顾客真正的需求；其次，通过自己的专业知识，站在顾客的角度帮顾客选择最适合的产品；最后，告诉顾客为什么他选这款产品合适，这时候顾客一定会觉得客服很牛，一定会按照客服的选择去购买，而且能很快购买。

总结：在销售过程中，一名优秀的客户服务人员，最主要是抓住主动权，让客户的思路跟随我们的思路去走，这样就成功了一大半。善于给客户出选择题，告诉客户最佳答案，让客户去选择就可以了。

（二）客户担心产品的真伪

分析：这个问题一直是网购客户问得最多的问题，毕竟网络购物是看不到的，这方面的担心也是可以理解的，那我们如何去让顾客购买呢？

方式有：

（1）硬件证明，一般我们经营的产品如果是通过正规渠道进货，我们可以出具这方面的证明，客户就没有疑问了。

（2）如果我们的产品确实是正品，但是因为很多原因没有相关硬件证明，那么我们可以采用一些软性的说明，比如拿自己的产品和市场上假的产品进行对比分析。再拿出产品的历史销售记录给客户看，告诉客户我们有这么多的客户群体，如果有问题我们早就在淘宝上消失了。然后再给客户一个承诺：您好，我们是保证正品的，接受专柜验货，假 1 罚 10，有质量问题包退换。

总结：找最有说服力的证据证明自己的产品，客户一定会相信的。

（三）客户担心产品效果

分析：这个问题也是顾客最为关心的一个问题，这个化妆品真的有网上说的那么好吗？这件衣服真的很适合我吗？客户比较困惑，客户服务人员回答也比较纠结，再好的产品不可能都适合每一个人，再好的产品也不会说我用了马上就有效果，或者用一次就有效。

面对这样无法承诺的问题我们最好的解决方式就是让顾客认清事实：

（1）告诉顾客这个产品很多人反馈效果很棒，但是不能保证对所有的人都很棒。

（2）使用人自身的一些问题需要注意，比如化妆品你是否长期使用了，是否还注意了日常的保养了？比如衣服你是否很恰当地和你其他的衣服进行搭配了，如果这些基本的客户自己都没做好，那再好的化妆品，再好的衣服也满足不了客户的需求。

例：美丽的容颜，好的肌肤都是靠长期保养的哦！但是皮肤的吸收和适应能力是因人而异的，只有坚持使用一段时间才会看到明显的效果哦！

总结：这样的问题让顾客认清事实最重要，理性地消费，不要盲目夸大产品的功效，但是最终如果没有达到，等待你的就是失去这个顾客，失去这个顾客所认识的潜在顾客。客观地告诉顾客产品的功效，反而更能取得客户的信赖。

（四）客户不知道还有其他产品

做客服工作久了我们经常看到这样的情况，有的客户服务人员很努力但是她接的订单永远都是单价最低的，而有的客户服务人员却总是可以接到上万的订单。这并不是两个客户服务人员的能力问题，而是在销售的过程中你是不是个有心人。

一般情况下很多客户服务人员接待一个顾客，顾客咨询完后购买了，这次交易就结束了，但是还有一些有心的客户服务人员，她们在了解清楚顾客的需求后，会根据顾客确定购买的东西，去分析一下这个顾客购买的这些东西里面有没有还缺什么，但是顾客自己没有想到的。这个时候她会去问下客户，然后说我觉得您还需要配一个×××，你一起购买了还能省邮费等。一般90%的顾客都会再去选择一些周边产品。

拿护肤产品来说，当顾客购买了一套护肤品以后，优秀的客户服务人员会看下客户下的订单里是否齐全，搭配方式，当这些都了解了以后，会去问客户问题，比如现在在家里在使用什么护肤类的产品，比如她这次买的化妆品里面都是护肤的，没有卸妆的，平常也没有卸妆意识，那么优秀的客户服务人员会推荐她使用一些卸妆的，告诉她卸妆的好处，最近什么卸妆的产品火等，当顾客觉得你懂得比他多的时候，他就很愿意听你的话的。叫他买什么就买什么。

总结：多问，多推荐，一定能接大单。

二、客服应答技巧

（一）顾客对商品了解程度不同，沟通方式也有所不同

（1）对商品缺乏认识，不了解的客户。这类顾客对商品知识缺乏，对客户服务人员依赖性强。对于这样的顾客需要我们像对待朋友一样去细心地解答，多从他（她）的角度考虑去给他（她）推荐，并且告诉他（她）你推荐这些商品的原因。对于这样的顾客，你的解释越细致他（她）就会越信赖你。

（2）对商品有些了解，但是一知半解的客户。这类顾客对商品了解一些，比较主观，易冲动，不太容易信赖。面对这样的顾客，客户服务人员要控制情绪，有理有节耐心地回答，向他（她）表示你的丰富专业知识，让她认识到自己的不足，从而增加对你的信赖。

（3）对商品非常了解的客户。这类顾客知识面广，自信心强，问题往往都能问到点子上。面对这样的顾客，要表示出你对他（她）专业知识的欣赏，表达出"好不容易遇到同行了"，用商量的口气和他（她）探讨专业的知识，给他（她）来自内行的推荐，告诉他（她）"这个才是最好的，你一看就知道了"，让她感觉到自己真的被当成了内行的朋友，而且你尊重他（她）的知识，你给他（她）的推荐肯定是最衷心的、最好的。

（二）对商品要求不同的顾客，沟通方式也有所不同

（1）有的顾客因为买过类似的商品，所以对购买的商品质量有清楚的认识。对于这样的顾客是很好打交道的。

（2）有的顾客将信将疑，会问：图片和商品是一样的吗？对于这样的顾客要耐心给他（她）解释，在肯定我们是实物拍摄的同时，要提醒他（她）难免会有色差等，让他（她）有一定的思想准备，不要把商品想象得太过完美。

（3）还有的顾客非常挑剔，在沟通的时候就可以感觉到，他（她）会反复问：有没有瑕疵？有没有色差？有问题怎么办？怎么找你们等。这个时候就要意识到这是一个很完美主义的顾客，除了要实事求是地介绍商品，还要实事求是地把一些可能存在的问题都介绍给她，告诉她没有东西是十全十美的。如果顾客还坚持要完美的商品，就应该委婉地建议她选择实体店购买自己需要的商品。

三、常用话术

话术问答表（1）见表4-2。

表 4-2 话术问答表（1）

问题	提问背景	解答参考	掌握和技巧
你家卖的是正品吗？	1. 网络假货泛滥，怕遇上假货； 2. 无网购经历的顾客，怕上当； 3. 第一次到店铺的顾客； 4. 顾客对商城不了解	1. 我们是淘宝商城店开设的，工商有备案，销售产品均为厂家授权代理机构直接供应的正品，您可以放心购买； 2. 反问：您也许是第一次到商城或第一次到我家店铺查看商品吧？我们都是经过淘宝公司验证过的，商品您可以放心的； 3. 关于品质，请放心哦，我们是厂家授权经销机构，支持 7 天无理由退换货服务，您可以看一下店铺中的购买记录评论再放心购买哦	1. 强调是官方商城验证店铺； 2. 工商备案，公信力； 3. 提出 7 天无理由退换货服务，强调其他买家评价好
怎么辨别呢？	还是不相信客户服务人员	我们店是皇冠店，已经有几万的顾客给了好评，您可以随便看，需要我帮您简单介绍一下吗	1. 证据说话：我家已经有好几万的老顾客了，打消疑虑； 2. 撇开这个话题，提出问题，了解顾客需求
支持专柜验货吗？	懂得一些维权知识，对网络销售环境略有了解	十分支持啊，假一罚十哦	言语上一下亲切和拉近距离
验货说是假的怎么处理呢？	思维比较缜密，购买很小心	1. 到目前，我们销售出去的几万件商品，没接收到一件假货投诉； 2. 很多个体小店铺抓住顾客贪便宜想法，什么 A 货、外贸尾单等，货品渠道不正宗，到头来是顾客自己吃亏； 3. 我们是可以提供正规发票的，对您是有保障的	1. 证据说话； 2. 进行对比； 3. 提供商品发票

四、小结

（1）常见的商品异议的产生原因。

（2）对应的处理方式。

学习任务 3　价格异议的处理

一、为什么会产生价格异议

第一种：要面子。人都是有虚荣心的，每个人都喜欢听到对自己的赞美和受到别人的重视，顾客在购买的过程中，哪怕仅买一根绣花针也总是希望得到 VIP 般的对待。

第二种：占便宜。这里所指的占便宜，指的是顾客总是希望自己与众不同，能够拿到比其他顾客更低的价格，其实，大多数顾客并不喜欢便宜货，他们喜欢的是占便宜，我们经常可以看到，二十几元一件的东西无人问，可是标价几百元的名牌商品打折到几十元的时候，就会引起抢购。很多顾客都有这种奇怪的优越心理：同样的产品，只要我比你拿到的价格低，我就赚了。

第三种：求保障。当顾客觉得自己已经享受到优惠的价格之后，他们又会转而担心：给我这么优惠的价格，会不会产品本身有什么瑕疵，或者在服务上面做手脚。所以对于产品的质量和后续服务会特别在意。

抓住顾客心理，将心比心，合理运用销售推广技巧，赢得客户的青睐。

二、价格异议的常见应对方式

（一）较小单位报价法

根据自身店铺的情况，以较小的单位进行报价，一般强调数量。

（二）证明价格是合理的

无论出于什么原因，任何买家都会对价格产生异议，大都认为产品价格比他想象的要高得多。这时，必须证明产品的定价是合理的。证明的办法就是多讲产品在设计、质量、功能等方面的优点。只要你能说明定价的理由，买家就会相信购买是值得的。

（三）在小事上慷慨

在讨价还价过程中，买卖双方都是要做出一定的让步。尤其是作为网店主，如何让步是关系到整个洽谈成败的关键。

就常理而言，虽然每一个人都愿意在讨价还价中得到好处，但并非每个人都是贪得无厌的，多数人只要得到一点点好处，就会感到满足。

正是基于这种分析，网店主在洽谈中要在小事上做出十分慷慨的样子，使买家感到已得到对方的优惠或让步。比如，增加或者替换一些小零件时不要向买家收费，否则会因小失大，引起买家反感，并且使买家马上对价格敏感起来，影响了下一步的洽谈。反之，免费向买家提供一些廉价的、微不足道的小零件或包装品则可以增进双方的友谊，网店主是不会吃亏的。

（四）比较法说明价格的合理性

为了消除价格障碍，网店主在洽谈中可以多采用比较法，它往往能收到良好的效果。比较的做法通常是拿所推销的商品与另外一种商品相比，以说明价格的合理性。在运用这种方法时，如果能找到一个很好的角度来引导买家，效果会非常好，如把商品的价格与日常支付的费用进行比较等。由于买家往往不知道在一定时间内日常费用加起来有多大，相比之下觉得开支有限，自然就容易购买商品了。

（五）讨价还价要分阶段进行

和买家讨价还价要分阶段一步一步地进行，不能一下子降得太多，而且每降价一次要装出一副一筹莫展、束手无策的无奈模样。

（六）讨价还价不是可有可无

像挤牙膏似的一点一滴地讨价还价，到底有没有必要呢？当然有必要。

买家会相信网店主说的都是实在话，他确实买了便宜货。同时也让买家相信网店主的态度是很认真的，不是产品质量不好才让价，而是被逼得没办法才被迫压价，这样一来，会使买家产生买到货真价实的产品的感觉。网店主千方百计地与对方讨价还价，不仅仅是尽量卖个好价钱，同时也使对方觉得战胜了对手，获得了便宜，从而产生一种满足感。假如让买家轻而易举地就把价格压下来，其满足感就会大打折扣，而且还会有进一步压价的危险。

（七）不要一开始就亮底牌

有的网店主不讲究价格策略，从洽谈一开始就把最低价抛出来，并煞有介事地说："这个最低价，够便宜的吧！"

网店主的这种做法其成功率是很低的。要知道，在洽谈的初始阶段，买家是不会相信网店主的最低报价的。这样一来，你后悔也来不及了。这时你只能像鹦鹉学舌一样翻来覆去地说："这已是最低价格了，请相信我吧！"此时此刻若想谈成，只能把价格压到下限价格之下了。

（八）如何应付执着型买家的讨价还价

在买家当中，确实有一种人很执着，没完没了地讨价还价。这类买家与其说想占便宜不如说成心捉弄人。即使你告诉他是最低价格，他仍要求降价。对于这类买家，网店主一开始必须狠心把报价抬得高高的，在讨价还价过程中要多花点时间，每次只降一点，而且降一点就说一次"又亏了"。就这样，降个五六次，他也就满足了。有的商品是有标价的，因标有价格所以降价的幅度十分有限，每一次降的要更少一点。

三、常用话术

话术问答表（2）见表4-3。

表4-3 话术问答表（2）

问题	提问背景	解答参考	掌握和技巧
价格能再少点吗？能再打个折吗？	1. 顾客养成的习惯问语； 2. 碰到较贵的商品； 3. 讨价还价心理	1. 我家的商品是正规渠道进货的，价格已经比线下低很多啦； 2. 售价是公司出台规定的，我们客服是没有权利议价的，希望理解哈	1. 话语可以随和一些，缓和气氛； 2. 告知其网络购物已经比线下专卖店便宜很多了
你家卖得挺贵呀	顾客试探性说话	1. 呵呵，不知道您是不是和我们开玩笑啊； 2. 贵与不贵是相对的，我们家不是靠低价起家的，如果您了解的话，我们更乐意为您提供一种有价值的服务	缓和一下气氛； 探听顾客背后有什么信息
有没有送礼品什么的呀	1. 习惯性问法； 2. 爱好此类优惠方法	1. 直接法：不好意思，公司在节假日搞促销活动时，一般才会有礼品呀； 2. 提醒法：公司在节假日都会有一些促销活动，回馈新老顾客，但促销类型也很多，不一定就是送礼品，届时您可以积极关注一下。大家彼此理解哈	回复后提醒他积极关注节假日活动，如有必要，可以告知他最近一次促销情况，提早单独告知，让顾客感觉受到礼遇
别家都送礼品了（别家都可以再优惠），你家怎么这么死板啊	其他家也许在促销	1. 各家各有各的经，商城竞争也激烈，有的商家卖你很便宜，但是其他服务根本得不到保证，这个你们可要小心啊。（试探间接问，看他是否会说出别家促销方式） 2. 公司拟定商品价格不是随意的，怎样的商品卖怎样的价格，公司一定会合理定价的	1. 强调打折或送礼品，其他服务是不是能跟上，做提醒； 2. 强调价格是公司行为，有其合理性

表4-3(续)

问题	提问背景	解答参考	掌握和技巧
你们不优惠我就走了	威胁,但希望在我们家下订单的一种心理	1. 通过刚才的话语问候,感觉您还是很识货呀,这款产品在××方面,确实×××,现在对运动鞋能像您这样理解到位的,太少了; 2. 对于其他商家经营行为,我们是无法干涉的,许多老顾客在我们店买了又买,说实在,我们公司是倡导为顾客提供价值的,而不是价格; 3. 您来到我们店铺也是种缘分呐,您放心,您买过我们商品就会体会到我们的服务的,对了,您这件商品这几天好像好多人问(买),我先帮您看下库存吧?(您如果觉得款式满意,就赶紧拍下吧,这家逛,那家跑的,其实也挺累的)	"三明治"策略 1. 先赞美顾客优点; 2. 强调公司理念"让顾客收获价值"; 3. 促成交易
顾客再次声明,价格不便宜就走了	—	1. 您真的认为我们价格很贵吗?是觉得和您的心理价位有差距还是别家卖得比我们低呢?(可以先反问,两种假设,二选一) 2. 这样吧,我们聊来聊去,都挺辛苦,我也看出您买这款××的诚意,算了,真是磨不过你呀,我帮您申请一个小礼品送给您吧?其他人可是没有这个机会的; 3. 哦,竞争对手这个价格也太低了呀,换了我,我还真不敢买哟。这样吧,价格是不好低的,我帮您申请一个代金券吧?其他顾客可是没有这样的特别照顾哦	1. 最后一步,确认对方是心理价位贵还是和竞争对手相比贵,提出单独申请,给顾客帮助,让顾客感受到特别照顾; 2. 事情快办完的时候,可以半开玩笑说,到时候可要给个好评哟
下次来会不会优惠点	这次没讨到便宜,希望下次优惠	1. 我们都很希望老顾客多多光临我们店啊,下次碰到有活动,一般会有优惠的; 2. 多买多优惠,下次您可要多买两件呀,我家货品在整个行业的口碑还是不错的,希望您多关注呀	礼貌用语,提醒活动有优惠,不好正面回答

表4-3（续）

问题	提问背景	解答参考	掌握和技巧
能不能给包个邮	商品价格也许还没有到包邮标准	1. 我们是全场满 200 元就包邮的； 2. 有的店铺是 280 元才免邮，我们已经为顾客考虑好多了哟； 3.（如果顾客特别希望，或非常直接告知没有免邮就不买了） 第一种：满 180 元的，说可以申请一下看，但不能保证批下来，先给个心理暗示，批准下来后，顾客喜悦程度超过期望值，体验是不一样的，会更认同我们。 第二种：未满 180 元的，建议看看其他商品，这时候做主动推荐	1. 告知政策 2. 灵活应用 180 元以上也可以免邮政策
能多配双鞋带吗？	顾客以前买过，有配过顺带问问	1. 反问确认：您可能在以前买鞋子有过送鞋带的经历是吗？ 2. 是这样，这个确实太细节了，商品部给我们信息，一般也都是和您看到的图片信息一样，这个只能是根据每个厂家的情况来了，一般情况下，一双鞋带也是够用的； 3. 我记得自己上学时，踢足球，比较费鞋带，呵呵，这个也是看每个人的穿法和使用环境	1. 提醒每个厂家情况不一样； 2. 建议不要刻意，一定要求
你们价格怎么这么便宜呢	质疑产品价格以及货源是否为正品	1. 反问：是吗？您以前都是在专卖店买鞋吧？ 2. 网络销售，省去了传统企业很多渠道和门店费用，商品价格一般都要比线下优惠，所以现在有越来越多的人热衷网络购物，也挺时尚的，我家商品新款多，还齐全，价格方面还是很有优势的，您可以从中挑选一下	看对方深一步问题说话

注："—"表示内容缺失。

学习任务 4 服务态度异议的处理

一、常见服务态度异议引发原因

有时候很多网店虽然每天有很多人来光顾，可惜就是做不成生意，不能让顾客下单，这是出了什么问题呢？主要原因是没有与顾客沟通好，如果避免发生下文所说的情况，你肯定能留住顾客。

（一）忌争辩

客户服务人员要谨记，我们主要是推销产品的，不是来参加辩论会的，要知道与顾客争辩解决不了任何问题，只会招致顾客的反感。客户服务人员首先要理解顾客对商品有不同的认识和见解，容许人家讲话，发表不同的意见；如果你刻意地去和顾客发生激烈的争论，即使你占了上风，赢得了胜利，把顾客驳得哑口无言、体无完肤、面红耳赤、无地自容，你快活了、高兴了，但你得到的是什么呢？是失去了顾客、丢掉了生意。时刻不要忘记你的职业、你的身份。忌讳争辩。

（二）忌质问

客户服务人员与顾客沟通时，要理解并尊重顾客的所需与观点，要知道人各有所需，他买商品，说明他需要此商品；他不买，说明他有原因，切不可采取质问的方式与顾客谈话，例如：

（1）亲为什么不买这件 YY 啊？

（2）亲为什么对这个颜色不喜欢？

（3）亲凭什么讲我的信用是炒作的？

（4）亲有什么理由说我的 YY 质量不好？

诸如此类，用质问或者审讯的口气与顾客谈话，是客户服务人员不懂礼貌的表现，是不尊重人的反映，是最伤害顾客的感情和自尊心的。记住！如果您要想赢得顾客的青睐与赞赏，那么就为忌讳质问。

（三）忌命令

客户服务人员在与顾客交谈时，微笑要展露一点，态度要和蔼一点，说话要轻声一点，语气要柔和一点，要采取征询、协商或者请教的口气与顾客交流，切不可采取命令和批评的口吻与人交谈。人贵有自知之明，要清楚你在顾客心里的地位，永远记住一条，那就是——你不是顾客的领导和上级，你无权对顾客指手画脚、下命令或下指示；你只是一名客户服务人员，是他的一个购物向导。

（四）忌炫耀

与顾客谈到自己的商品及店铺时，要实事求是地介绍自己的商品和店铺，稍加赞美即可，万万不可忘乎所以，得意忘形地自吹自擂，炫耀自己的商品美观、实用、价廉以及质好等。要知道人外有人，山外有山，你说你的商品美观实用、价廉、质好，还有比你更好的，是吧？况且每个人的品位及审美观都不一样，你认为好的顾客未必认为好。

（五）忌直白

客户服务人员要掌握与顾客沟通的艺术，顾客成千上万、千差万别，有各个阶层、各个方面的群体，他们的知识和见解都不尽相同。我们在与其沟通时，如果发现他在认识上有不妥的地方，也不要直截了当地指出，说他这也不是，那也不对。一般人最忌讳在他人面前丢脸、难堪，俗语道：打人不打脸，揭人不揭短，要忌讳直白。康德曾经说过对男人来讲，最大的侮辱莫过于说他愚蠢；对女人来说，最大的侮辱莫过于说她丑陋。我们一定要看交谈的对象，做到言之有物，因人施语，要把握谈话的技巧、沟通的艺术，要委婉忠告。

（六）忌批评

我们在与顾客沟通时，如果发现他身上有些缺点，我们也不要批评和教育他，更不要指责他。要知道批评与指责解决不了任何问题，只会招致对方的怨恨与反感。与顾客交谈要多用感谢词、赞美语；要多赞美、少批评，要掌握赞美的尺度和批评的分寸，要巧妙批评，旁敲侧击。

（七）忌专业

在推销自己的商品时，一定不要用专业术语，如顾客问你这件衣服是不是全棉的，你直接告诉他含棉量是 100%，还是 90% 即可。用专业术语不但让顾客弄不明白你的意思，而且还会让顾客以为你在他面前炫耀。

（八）忌独白

与顾客谈话，就是与顾客沟通思想的过程，这种沟通是双向的。不但我们自己要说，同时也要鼓励对方讲话，通过他的说话，我们可以了解顾客个人基本需求，如：是想购买裙子？还是上衣？或是裤子？双向沟通是了解对方有效的工具，切忌客服一个人在唱独角戏，个人独白。如果自己有强烈的表现欲，一开口就滔滔不绝、喋喋不休、唾沫横飞、口若悬河，只顾自己酣畅淋漓，一吐为快，全然不顾对方的反应，那么结果只能让对方反感、厌恶。

（九）忌冷淡

与顾客谈话，态度一定要热情，语言一定要真诚，言谈举止要流露出真情实感，要热情奔放、情真意切、话贵情真。感人心者，莫先乎情，这是客服的真情实感，只有您用自己的真情，才能换来对方的感情共鸣。在谈话中，冷淡必然带来冷场，冷场必定带来生意泡汤，要忌讳冷淡。

（十）忌生硬

客户服务人员在与顾客语音交流时，声音要洪亮、语言要优美，要抑扬顿挫、节奏鲜明，语音有厚有薄；语速有快有慢；语调有高有低；语气有重有轻。客户服务人员要有声有色，有张有弛，声情并茂，生动活泼。客户服务人员要切忌说话没有高低、快慢之分，没有节奏与停顿，生硬呆板，没有朝气与活力。

客户服务人员在与顾客谈话中，说话要有技巧，沟通要有艺术；良好的口才可以助您生意兴隆，良性的沟通也可以使顾客买完一次又来一次。客户服务人员与顾客交流时，要注意管好自己的口，用好自己的嘴，要知道什么话应该说，什么话不可以说。不知道所忌，就会造成失败；不知道所宜，就会造成停滞。

二、如何提高服务质量

提高服务质量见图4-3。

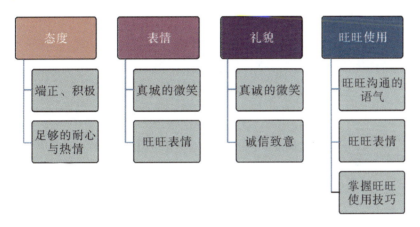

图4-3　提高服务质量

（一）态度方面

1. 树立端正、积极的态度

树立端正、积极的态度对网店客户服务人员来说是尤为重要。尤其是当售出的商品，有了问题的时候，不管是顾客的错还是快递公司的问题，都应该及时解决，不能回避、推脱。客户服务人员应积极主动地与客户进行沟通，尽快了解情况，尽量让顾客觉得他是受尊重、受重视的，并尽快提出解决办法。在除了与顾客之间的金钱交易之外，还应该让顾客感觉到购物的满足和乐趣。

2. 要有足够的耐心与热情

我们常常会遇到一些顾客，喜欢打破砂锅问到底。这个时候就需要客户服务人员有足够的耐心和热情，细心地回复，从而会给顾客一种信任感。客户服务人员决不可表现出不耐烦，就算对方不买也要说声"欢迎下次光临"。如果客户服务人员的服务够好，这次不成也许还有下次。砍价的客户也是常常会遇到的，砍价是买家的天性，可以理解。在彼此能够接受的范围内可以适当地让一点，如果确实不行也应该婉转地回绝。比如说"真的很抱歉，没能让您满意，我会争取努力改进"，或者引导买家换个角度来看这件商品让她感觉货有所值，就不会太在意价格了，也可以建议顾客先货比三家。总之要让顾客感觉你是热情真诚的。千万不可以说我这里不还价、没有等伤害顾客自尊的话语。

（二）表情方面

微笑是对顾客最好的欢迎，微笑是生命的一种呈现，也是工作成功的象征。所以当迎接顾客时，哪怕只是一声轻轻的问候也要送上一个真诚的微笑，虽然说网上与客户交流是看不见对方的，但只要你是微笑的，言语之间是可以感受得到的。此外，多用些旺旺表情，也能收到很好的效果。无论旺旺的哪一种表情都会将自己的情感讯号传达给对方。比如说："欢迎光临！" "感谢您的惠顾"等，都应该轻轻地送上一个微笑，加与不加给人的感受完全是不同的。不要让冰冷的字体语言遮住你迷人的微笑。

（三）礼貌方面

俗话说"良言一句三冬暖、恶语伤人六月寒"，一句"欢迎光临"，一句"谢谢惠顾"，短短的几个字，却能够让顾客听起来非常舒服，产生意想不到的效果。

礼貌对客，让顾客真正感受到"上帝"的尊重，顾客来了，先来一句"欢迎光临，请多多关照。"或者："欢迎光临，请问有什么可以为您效劳的吗"。诚心致意地"说"出来，会让人有一种十分亲切的感觉。并且可以先培养一下感情，这样顾客心理抵抗力就会减弱或者消失。

有时顾客只是随便到店里看看，我们也要诚心地感谢人家说声："感谢光临本店。"对于彬彬有礼，礼貌非凡的网店客服，谁都不会把他拒之门外的。诚心致谢是一种心理投资，不需要很大代价，但可以收到非常好的效果。

沟通过程中其实最关键的不是你说的话，而是你如何说话。让我们看下面小细节的例子，来感受一下不同说法的效果："您"和"MM您"比较，前者正规客气，后者比较亲切。"不行"和"真的不好意思哦"；"恩"和"好的没问题"，都是前者生硬，后者比较有人情味。"不接受见面交易"和"不好意思我平时很忙，可能没有时间和你见面交易，请你理解哦"相信大家都会以为后一种语气更能让人接受。多采用礼貌的态度、谦和的语气，就能顺利地与客户建立起良好的沟通。

（四）语言文字方面

（1）少用"我"字，多使用"您"或者"咱们"这样的字眼，让顾客感觉我们在全心全意地为他（她）考虑。

（2）常用规范用语：

"请"是一个非常重要的礼貌用语。

"欢迎光临""认识您很高兴""希望在这里能找到您满意的 DD"。

"您好""请问""麻烦""请稍等""不好意思""非常抱歉""多谢支持"……

平时要注意提高修炼自己的内功，同样一件事不同的表达方式就会表达出不同的意思。很多交易中的误会和纠纷就是因为语言表述不当而引起的。

（3）在客户服务的语言表达中，应尽量避免使用负面语言。

这一点非常关键。客户服务语言中不应有负面语言。什么是负面语言？比如说，我不能、我不会、我不愿意、我不可以等，这些都叫负面语言。

在客户服务的语言中，没有"我不能"。当你说"我不能"的时候，客户的注意力就不会集中在你所能给予的事情上，而是会集中在"为什么不能""凭什么不能"上。

正确方法："看看我们能够帮你做什么"，这样就避开了跟客户说不行，不可以。在客户服务的语言中，没有"我不会做"。你说"我不会做"，客户会产生负面感觉，认为你在抵抗。我们希望客户的注意力集中在你讲的话上，而不是注意力的转移。

正确方法："我们能为你做的是……"

在客户服务的语言中，没有"这不是我应该做的"：客户会认为他不配提出某种要求，从而不再听你解释。

正确方法："我很愿意为你做。"

在客户服务的语言中，没有"我想我做不了"。当你说"不"时，与客户的沟通会马上处于一种消极氛围中，为什么要客户把注意力集中在你或你的公司不能做什么，或者不想做什么呢？

正确方法：告诉客户你能做什么，并且非常愿意帮助他们。

在客户服务的语言中，没有"但是"。你受过这样的赞美吗？——"你穿的这件衣服真好看！但是……"，不论你前面讲得多好，如果后面出现了"但是"，就等于将前面对客户所说的话进行否定。

正确方法：只要不说"但是"，说什么都行！

要让客户接受你的建议，应该告诉他理由，不能满足客户的要求时，要告诉他原因。

（五）旺旺使用方面

1. 旺旺沟通的语气和旺旺表情的活用

在旺旺上和顾客对话，应该尽量使用活泼生动的语气，不要让顾客感觉到你在怠慢他。虽然很多顾客会想"哦，她很忙，所以不理我"，但是顾客心里还是觉得被疏忽了。这个时候如果实在很忙，不妨客气地告诉顾客"对不起，我现在比较忙，我可能会回复得慢一点，请理解"，这样，顾客才能理解你并且体谅你。尽量使用完整客气的语句来表达，比如说告诉顾客不讲价，应该尽量避免直截了当地说："不讲价"，而是礼貌而客气地表达这个意思"对不起，我们店商品不讲价"，可以的话，还可以稍微解释一下原因。

如果我们遇到没有合适的语言来回复顾客留言的时候，与其用"呵呵""哈哈"等语气词，不妨使用一下旺旺的表情。一个生动的表情能让顾客直接体会到你的心情。

2. 旺旺使用技巧

我们可以通过设置快速回复来提前把常用的句子保存起来，这样在忙乱的时候可以快速地回复顾客。比如欢迎词、不讲价的解释、"请稍等"等，可以给我们节约大量的时间。在日常回复中，发现哪些问题是顾客问得比较多的，也可以把回答内容保存起来，达到事半功倍的效果。

通过旺旺的状态设置，可以给店铺做宣传，比如在状态设置中写一些优惠措施、节假日提醒、推荐商品等。

如果暂时不在座位上，可以设置"自动回复"，不至于让顾客觉得自己好像没人搭理，也可以在自动回复中加上一些自己的话语，都能起到不错的效果。

三、常用话术

针对以下情形写出常用话术。

（通用型首语）：亲，您好，××品牌服饰旗舰店【××】为您服务，有什么可以帮您的呢，现在全场两件包邮，请务必用购物车一起拍下哦~

（针对性首语）：亲，您好！××【××】很高兴为您服务！

（抱歉）：亲，真的很抱歉，因为咨询的客户比较多，回复稍微慢了点，我会尽快回复您哦，谢谢您的谅解！

（抱歉2）：亲，十分抱歉，由于我这边咨询人数过多，影响了回复速度，现帮您转接其他客服，稍后会有客服主动与您联系，请您留意下别的旺旺消息哦，感谢您的配合！

（尾语）：亲，感谢您对××的支持，【××】很高兴能为您服务，如果您对我们满意，请收到货后给5分好评鼓励哦。

（未付款的尾语）：好的，亲，我们每周二都会上架新款的哦，您可以多多关注一下哈，感谢您的支持，祝您生活愉快！

（温馨）：亲，温馨提示哦，请尽快拍下付款哦，特别是库存不多的时候，淘宝是根据付款减库存的，如果其他客户先付款了，您就会因为宝贝无货而付不了哦！

（温馨2）：亲，温馨小提示：拍下订单时在卖家留言处写明发申通、圆通，还是宅急送哦，拍好后第一时间通知我备注下，发货会更快哦！

（预售温馨）：淘宝自动确认收货是需发货之后的10天后才自动确认的，预售款的订单没有发货是不会自动确认的（有货先发的订单麻烦发货之后联系客服和您延长时间，以免系统自动付款）。

（优惠券温馨提示）：亲，多件衣服要用购物车一起拍下才能累积参加满就送店铺优惠券的活动，建议您重新用购物车一起拍下才能赠送足额优惠券哦。

（温馨退货）：亲亲，感谢您的支持，我们支持七大九埋由退换货，若收到货不满意请及时联系我们，一定处理到您满意为止，若满意，请记得5分好评以示鼓励哦，祝您生活愉快！

（温馨邮费）：温馨提示：亲亲，请问您那边可以收快递吗？我们默认申通、圆通和宅急送，如若快递不到发EMS需补5元差价哦。

（注意）：亲有什么特别注意的要我备注吗？我怕之前您跟我说的忘了，有的话还请亲提示哦，谢谢！

（议价1）：亲，非常抱歉，我们是××品牌专柜正品，质量有保证，所有价格都已是折后价，所以不议价不包邮不抹零，谢谢谅解！

（议价2）：亲，不好意思，我也是个普通职员，这个是公司规定，对所有买家都公平，希望您不要再议价了哦，谢谢亲的理解！

（议价3）：亲，十分抱歉，建议不要由于价格而耽误您的宝贵时间哦，您若坚持议价，那我实在没有办法继续回答您的议价问题哈！谢谢亲的理解与支持！

（议价难处）：亲，冒昧地问一下，您是不是因为支付宝余额不足暂时不方便支付呢？

（议价代付）：亲，您可以问问身边的朋友或同事有没有网银或者支付宝哦，可以让他们帮您转点钱或者也可以让他人帮您代付哦。

（议价帮助）：亲，我也了解您的难处，这次我就先用公司的公用支付宝将差额零头给您打过去，下次若是方便的话您再将零头补上，但是请您不要跟其他顾客说或者在评价中提到此事哦，否则我会有点为难了呢。

（色差）：亲，本店的宝贝都是专柜正品，实物拍摄。由于室外拍摄有光线影响，所以有色差，实物颜色以平铺图为准，您也可以看下我们宝贝的评价说明。

（品质）：关于品质，请放心哦，××是××有限公司在大陆的唯一经销机构，支持7天无理由退换货服务，您可以看一下店铺中的评论再放心购买哦！

（结束）：亲，为了保证对每一位买家的公平，我们的所有优惠活动都以活动页面的截止时间为准，活动结束了就没办法给您优惠了哦，谢谢谅解，但是呢，我们现在有活动××，时间有限哦！

（仿版）：亲，现在网上仿版很多哟，在价格上相对我们偏低，但是我们是专柜正品哦，接受7天内无理由退换货的呢，请亲认准商城品牌哦！

（发货）：亲，现付款后48小时内发货（预售按预售期发），默认发申通、圆通、宅急送（EMS补5元和顺丰补10元），广东省内1~2天到，广东省外3~7天左右到，谢谢亲耐心等待！

（货到付款）：亲，您有支付宝吗？如有，个人建议您使用支付宝比较划算呢，货到付款还要根据您的衣服金额收取3%的服务费，最低十元起呢！

（退货）：亲，请不要担心，只要衣物无污损、吊牌齐全，七天内可无条件退换货一次！非质量问题运费是您自己承担，质量问题运费是我们承担的呢。

（交班）：亲，真是非常抱歉，由于我们要交接班可能要耽误您的时间了哦，稍后交由晚班客服为您服务，谢谢您的谅解！

（接班后）：亲，很抱歉。由于我们交接班耽误了您的时间，我会尽快回复您的哈，若还有其他问题需要咨询，您也可以一次性提供给我哦。

（小礼物）：亲，非常抱歉哦，没有什么小礼物送的呢，最重要的是衣服的质量好，让您满意，您说呢？

四、小结

服务十忌见图4-4。

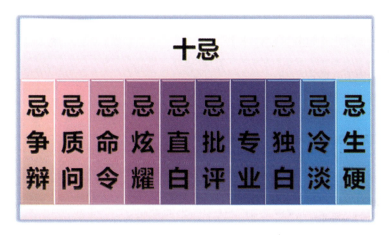

图 4-4　服务十忌

五、作业

交易处理：

（1）写出一个完整的网店交易流程图。

（2）两两一组在对方的网店拍下一个商品，将对方的邮费改为 20.00 元，再将对方的订单添加备注信息"买家要求尽快发货"，并将货品的状态改为已发货。

（3）因为货品的原因，买家要求退回全部货款，和买家协商退回部分货款。

（4）在淘宝店铺中上架 1~3 个商品并完成：

①上传商品图片；

②编写图文并茂的商品介绍；

③完成一次成功交易的过程，截取不同交易状态下的图片；

④完成一次交易关闭的交易过程，截取关闭交易的图片；

⑤完成一次申请退款的交易过程，截取买家申请退款的图片和卖家处理退款的相关过程的图片。

学习任务 5　订单处理

一、订单处理的几个环节

（一）订单登记

订单登记见图4-5。

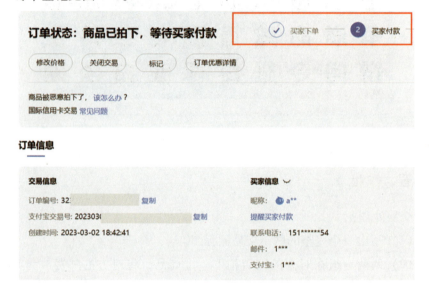

图4-5　订单登记

后台订单的状态有等待买家付款、等待发货、已发货、退款中、需要评价的、成功的订单。

对于等待买家付款的订单要进一步跟进，了解买家为何未付款，或在付款时遇到了什么问题，促进买家付款或协助买家付款。

（二）订单确认

订单确认1见图4-6；订单确认2见图4-7；订单确认3见图4-8。

图4-6　订单确认1

图 4-7　订单确认 2

图 4-8　订单确认 3

等待发货是买家已付款，需要查看买家信息是否齐全完整，是否有备注，确认订单后打印发货单、快递单，进入发货流程。

已发货的订单需要等待买家确认收货及付款。如买家迟迟未确认，需要跟踪快递是否送达，以及了解签收情况，以实现自动确认收货和付款，或者为可能出现的纠纷收集必要的信息。

需要评价的要给予好评、中评或差评，并给予评分。在人员充足的情况下，要针对不同的顾客给予准确的个性化评价。

（三）单据打印

快递单据见图 4-9。

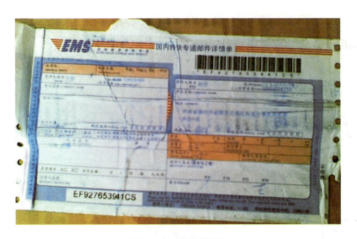

图 4-9 快递单据

单据打印包括快递单打印和发货单打印，工作重点是要将两者实现匹配，杜绝错发、漏发、多发、少发的情况。

（四）拣货配货

按单拣货，根据发货单拣货，拣货的方法有摘果法、播种法、摘果+播种法。摘果法就是根据配货单或货运单，一单一单配货；播种法是先汇总配货，再进行二次分拣。摘果法+播种法是两种方法的结合。

（五）校验出库

在包装时，再进行一次订单和货品的核对。

（六）物流配送

将完成包装和快递单据粘贴的货物交由快递公司发货。

二、订单处理的流程

订单处理流程见图 4-10；专业打印机见图 4-11；配货单见图 4-12。

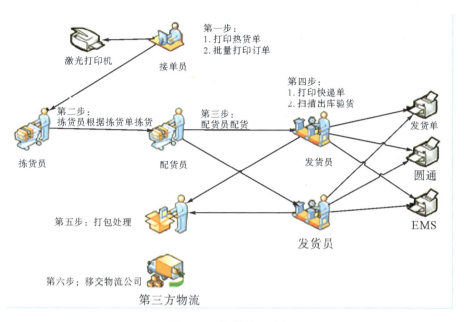

图 4-10 订单处理流程

第一步：打印拣货单（发货单）、批量打印订单。

图 4-11 专业打印机

第二步：拣货员根据拣货单拣货。

第三步：配货员配货。

仓库配货单

编号	名称	规格	数量	仓位	数量分布
HZQB0004	倩碧 特效润肤露 200ml	200ML	1	A2	(2):1
ZP0002	聪明化妆小技巧	32开	3	A6	(3):1，(4):1，(5):1
HZQB0002	倩碧 醒肤活力修护晚霜50ml	50ML	3	A2	(3):1，(4):1，(5):1
HZTS0005	雅诗兰黛 抚痕抗皱精华露 50ml	50ml	1	A2	(1):1
NBXK0003	Mickey米奇 蝴蝶结链褶料挎包B4377	白	3	A3	(3):1，(4):1，(5):1
NZLQ0007	小碎花钻饰多层短袖连衣裙	粉红XL	1	A3	(5):1
SPJZ0001	Queens silver 925纯银镶戒指R1610	琥珀	1	A5	(6):1
NZLQ0011	三色65X丝罗裙摆短袖连衣裙长上衣	紫M	1	A3	(1):1

打印时间：2010-05-13 09:49:00

图 4-12　配货单

第四步：打印快递单、扫描出库验货。

第五步：打包处理。

第六步：移交物流公司。

项目五

售后客户服务

教学情景

通过轮岗，启明现已在售后客服岗位。

顾客在线上购买了产品，但在预计交货日期后仍未收到。顾客十分愤怒并要求退款。

顾客：我两周前下单的货物怎么还没到？应该三天前就该寄到了！发生了什么事？

客服启明：我们向您致以最诚挚的歉意！我们完全理解延误交货所带来的不便，并保证竭尽所能为您跟进处理。处理过程中请接受为您提供的一张九折优惠券作为补偿。

虽然延迟交货涉及多方面问题，但顾客的态度一下子难以招架，因此重要的是先道歉，并保证已经在积极跟进问题。解决此类情况最好的办法是提供折扣券或者包邮优惠。

售后客户服务知识目标、能力目标、素养目标一览表见表 5-1。

表 5-1　售后客户服务知识目标、能力目标、素养目标一览表

知识目标	能力目标	素养目标
1. 了解网上购物的配送模式及存在的问题； 2. 掌握物流异议的常见应对方式； 3. 熟悉物流异议处理的语术； 4. 了解评价管理的定义； 5. 理解处理正面评价和负面评价的作用	1. 掌握处理负面评价的技巧； 2. 熟练驾驭物流异议处理的语术； 3. 会使用适当策略，处理好负面评价； 4. 具备分析客户需求的能力，增强客户服务水平； 5. 提升客户关系维护能力	1. 树立良好的客户服务意识； 2. 养成良好的网络礼仪； 3. 养成分析判断的能力； 4. 养成主动学习的良好习惯

学习任务 1　物流异议处理

一、网上购物的配送模式及存在的问题

目前，我国网上购物商品的配送主要采取以下三种形式。

（一）邮政体系配送

邮政体系配送是指网站在其营业地点建立产品仓库，根据消费者网上购

物清单和消费者家庭地址信息，办理邮政递送手续，通过邮寄手段将货物送到消费者手中。这种方式的不足之处是：普通邮递速度慢，而 EMS 服务收费偏高。即便是 EMS 特快专递服务，也难以在购物的当天把货品送达，而这一点恰恰是大多数消费者非常关注的。

（二）网站自建配送体系

网站自建配送体系是指网站在其目标市场上设置送货点，即网站在网民较密集的地区设置仓储中心和配送点，网站根据消费者购物清单和消费者家庭住址信息，由消费者所在地附近的配送中心或配送点配货并送货上门。这种配送方式，虽然可以满足消费者"即购即得"的购物心理，但也存在如下问题：配送中心和配送点建设需要大量投资，将带来成本的增加，冲抵网络购物的优势。配送中心配送点需要建多少，事先难以确定，存货带来库存风险。

（三）借助第三方物流企业

借助第三方物流企业是指网站根据消费者网上购物清单和消费者家庭地址信息，利用"第三方物流企业"的交通、运输、仓储连锁经营网络，把商品送达消费者的过程。另外，也有不少物流公司，例如申通快递、顺丰快递等，为消费者提供有特色的"门到门"快递服务，使卖家发货和买家收货都更为方面快捷。但采用这种送货方式，由于送货量往往较小，虽然送达消费者的时间较快，但送货费用一般比较高。

网上购物的发展，对我国原本就比较落后的物流配送提出了更高的要求。网上购物不受地域、时间的限制，用户比较分散，难以形成集中的有规模的商品配送流量，导致进行物流配送的难度大。由此带来网上购物物流配送的一些问题，主要包括以下几个方面。

1. 配送服务价格高

人们之所以选择网上购物一方面是因为方便，但很多人还是因为看中了其低价的特点，但是较高的运费却让很多人望而却步。虽然采取不同运输方式收费是不同的，但是即使采取最便宜的快递也需要 8 元以上/单，如用特快专递最高费用可达到商品原价的 200%。由此看出，物流配送成本是制约配送发展的瓶颈。

2. 物流配送时间长

顾客在网上进行订货，采用的配送方式不同，配送需要的时间也就不同。若使用普通邮递，一般是商品出库后 7~30 天，但若在送达时间内没有收到商品，就需要在邮政网站上进行查询。使用快递收货要等 3~7 天。另外，一旦遇上节假日或者大规模促销活动，送货时间要相应延长。

3. 物流配送质量差

通过对大部分网上购物者进行调查，有28%的消费者网上购物行为失败。其中14%的人所订购的商品从未送到过，有10%的人由于送来的商品有破损，又无法退换。物流公司应当承担哪些责任、对于货物破损、未按时送达等情况如何处理没有明确的规定。

二、物流异议处理

每个顾客都关心这个问题，我下订单后，我就想尽快拿到货，所以当顾客确定付款后，会不停地来询问是否发货了？为什么还不发货？如果这样的问题没有处理好，即使前面再努力，顾客还是非常不满意。一般这样的问题有以下处理方式。

（一）发货前声明

在发货之前和买家声明卖家推荐的快递，假如买家觉得这家快递不好，可以再次说明我们是和这家快递公司合作的，在费用上是比较便宜的，如更改物流，那快递费用要高些，再看买家的意见，基本上买家是能够理解并接受的。

（二）快件延误问题

跟买家说清楚，宝贝在快递途中的事情买家是不能控制的，在快递时效的时间内货物未到达，尽管货物已经卖出去，但是为了买家的满意度和下次的合作，公司的客户服务人员要及时和快递取得联系，了解具体的原因，并及时通过线下的电话联系来告知买家，争取买家的谅解。

（三）提醒买家签收

避免因为物流的原因造成买家或者卖家的损失。在发货的时候就要再三地提醒买家收到货时先要验证货物是否完好再决定是否签收。如果真的出现因为物流的原因造成货物损坏，首先肯定要求买家向物流公司索求赔偿，若是买家事后才发现，已经不能追究到物流的责任，那我们就要对买家表示下次绝对不用这家物流，而且下次的合作会给予一定的优惠，争取得到买家的谅解，同时，视买家的具体状况和态度来决定是否给予其换货处理，争取下次的生意。

（四）快递遗失或者查询无信息

在出现这种状况的时候，我们要及时和快递公司联系，了解快递的具体状况，同时要尽快和买家联系，争取买家的理解，而不能一味地推诿。

（五）物流方责任

物流人员不负责任，把买家的快递让别人签收，造成买家货物损失。在这种状况下，过失方是物流公司，买家可以投诉到物流公司，如果不给予处理就向消费者协会投诉，我们的客户服务人员要积极地配合处理这一事故。

三、常用话术

物流异议处理常见话术见表 5-2。

表 5-2 物流异议处理常见话术

问题	提问背景	掌握和技巧
什么时候能发？ 今天能发货吗？	都会问的问题	说明操作 说大家的货也这样发，他也特殊不了的
用什么快递？什么时候能到？	老买家了	交代会及时安全送达
能不能指定快递？有些老习惯	尽量不指定 如果要，请顾客留言	
换快递要加钱吗？		提醒合作不多的公司，服务不好保证
你们家发货怎么这么慢呀	还有没有收到货，着急	正常说明情况，顾客火气大，就多磨一下，好话多说一些 如果有什么具体要求，机动处理
你们说发货了，但是快递单号没见着呀	不相信，想确认一下	正常服务
我的订单状态显示配送中，是不是还没有发货呀？	怀疑	仓库要以实际情况操作，不能作弊

学习任务 2　评价处理

一、评价管理的定义

淘宝网会员在个人交易平台使用支付宝服务成功完成每一笔交易后，双方均有权对双方交易的情况作一个评价，这个评价亦称之为信用评价。这个评价积分会在淘宝网页上进行显示。

交易中的客户评价类型包括正面评价（好评）以及负面评价（中评、差评、恶意差评）。

　　评价管理就是密切关注客户的评价，及时完成互评，回复好的正面评价，并积极处理客户的负面评价，以使店铺的信用评价保持在同行业水平之上。

　　买家看到的店铺评分动态图见图 5-1；卖家的店铺评分动态图（后台）见图 5-2。

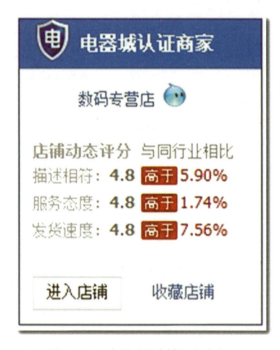

图 5-1　买家看到的店铺评分动态图

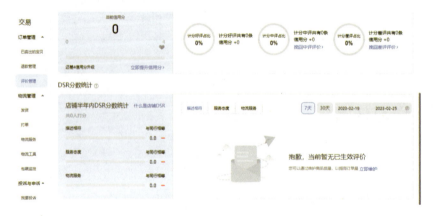

图 5-2　卖家的店铺评分动态图（后台）

二、处理正面评价的作用

我们可以有的放矢地选择一些特别好的正面评价来做回复处理，对正面评价进行适当的回复有三个重要的作用：提醒、客户关怀、口碑营销。

正面评价回复的作用见图5-3。

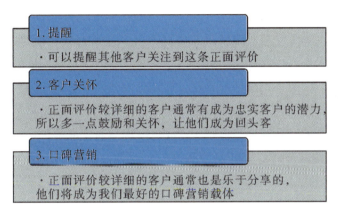

1.提醒
· 可以提醒其他客户关注到这条正面评价

2.客户关怀
· 正面评价较详细的客户通常有成为忠实客户的潜力，所以多一点鼓励和关怀，让他们成为回头客

3.口碑营销
· 正面评价较详细的客户通常也是乐于分享的，他们将成为我们最好的口碑营销载体

图5-3　正面评价回复的作用

三、处理负面评价（中差评）的作用

负面评价的原因有很多，主要有客户对产品的质量、价格，物流的速度，客户服务人员的态度等方面的不满情绪的发泄。中差评处理的第一步就是回复解释，其主要作用有两个：消除误会、维护信用。

负面评价解释的作用见图5-4。

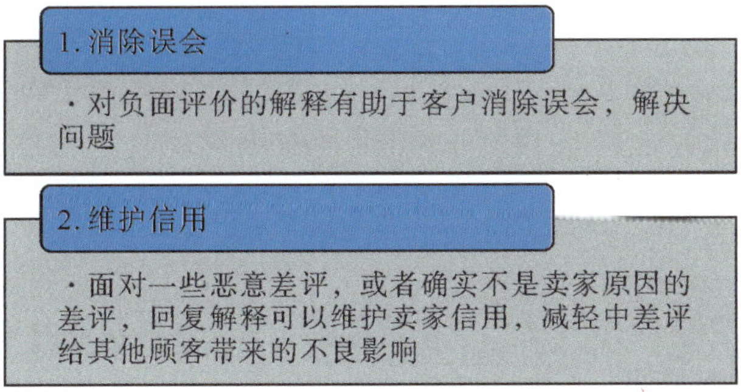

1.消除误会
· 对负面评价的解释有助于客户消除误会，解决问题

2.维护信用
· 面对一些恶意差评，或者确实不是卖家原因的差评，回复解释可以维护卖家信用，减轻中差评给其他顾客带来的不良影响

图5-4　负面评价解释的作用

四、负面评价的处理技巧

（1）一定要及时处理中差评，否则顾客会更加愤怒，有可能进一步投诉维权，引起店铺扣分。有些订单较多的网店，还应设置专人跟踪顾客评价，不断刷新，一出现中差评，就马上让售后客户服务人员跟进。

（2）最好用电话进行沟通。由于一些客户服务人员语言表达能力有限，并且通过阿里旺旺等即时通信工具进行沟通时，看不到表情及听不见语气，很容易产生误会；因此，最快速、简单、有效的方法就是用电话进行沟通。

在打电话之前，先整理好思路，把你想说的话和想表达的内容重点写在一张纸上，一边跟客户沟通一边看着这张纸，这样才不容易跑题。另外，打电话时一定要平心静气，很多中差评经过一次沟通就能解决。

（3）要做出合适的解释及补救措施。顾客给出中差评后，希望卖家能够承认错误，同时认真倾听他的说法，别敷衍，给他合理的补偿。

顾客中差评后心理见图 5-5。

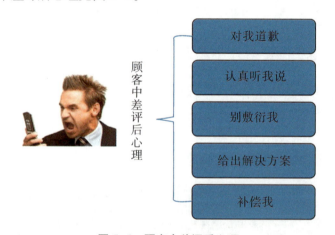

图 5-5　顾客中差评后心理

五、小结

（1）交易中的客户评价类型包括正面评价（好评）以及负面评价（中评、差评、恶意差评）。

（2）我们可以有的放矢地选择一些特别好的正面评价来做回复处理。

（3）处理负面评价应讲究技巧。

六、作业

请对表5-3卖家的评价进行恰当的解释。

表5-3　专家的评价

评价	解释
这件衣服的质量还不错，就是大了一点，不过能凑合，给个好评吧	
这个衣柜的实木框架看起来不是很结实，实物和图片还是有点不一样	
差评！差评！差评!! 衣服才拿到拉链就坏了。什么烂衣服，啊!!!	
裙子很有坠性，但是美中不足的就是没有内衬。	
真的是望眼欲穿，3号拍的17号才到货，这个物流我也是醉了，一个省内的物流就走了7天!!	
评价都是假的，都是刷出来的，根本就没有图片上的那么长，我身高165厘米，图片上是及踝的长裙，我穿上就只到膝盖，卖家还告诉我说二尺一的腰可以穿但是裙子的腰就只有1尺大小！难道我是到了小人国？	

项目六

常见纠纷处理

教学情景

今天启明遇到了一个愤怒的客户，顾客在电话中咆哮，原因是软件故障导致一个重要工作项目的进度受到影响。

顾客：这也不是软件第一次出故障了吧！我可是在这款工具软件上砸了不少钱，如果明天无法交付成果，我就要失去一个大客户了！

情况1：客户自身责任。

客服代表：非常抱歉了解到您的情况。我们现已查阅您的账户，问题似乎是因为您仍在使用旧版本软件，现已给您发送最新版本的下载链接。请您下载试试，过程中如遇到任何问题，请随时通知我们，我们的售后团队将竭诚为您服务。

情况2：企业自身的过错。

客服代表：非常抱歉得知您的情况。我们排查后发现问题源于系统服务器发生错误。我们向您保证该问题将尽快得到处理。无论如何我们十分理解您的处境，作为补偿，请接受向您提供的下个月订阅费五折优惠券。

顾客的情绪很大，所以不管到底是谁对谁错，都应该用诚恳的态度表达歉意，后续再尝试解决问题。现在我们和启明一起来完成下面的学习任务并且达到如表6-1所示的学习目标。

表6-1 常见纠纷处理知识目标、能力目标、素养目标一览表

知识目标	能力目标	素养目标
1. 了解纠纷产生的原因及处理纠纷的意义； 2. 熟悉纠纷处理的过程和要求 3. 了解态度纠纷产生的原因； 4. 熟悉态度纠纷处理的流程； 5. 了解产品纠纷的定义； 6. 熟悉产品纠纷产生的原因； 7. 了解物流纠纷的定义； 8. 熟悉物流纠纷产生的原因； 9. 了解收付款纠纷的定义及产生的原因	1. 掌握常用的纠纷处理客服技巧； 2. 掌握态度纠纷处理常用的客服技巧； 3. 掌握产品纠纷处理的流程及技巧； 4. 掌握物流纠纷处理的流程及技巧； 5. 掌握收付款纠纷处理常用的客服技巧； 6. 熟练操作淘宝退款处理流程； 7. 具备分析客户需求的能力，增强客户服务水平； 8. 提升客户关系维护能力	1. 培养爱岗敬业的职业精神； 2. 树立良好的客户服务意识 3. 养成良好的网络礼仪； 4. 培养对客户服务工作的热情、耐心； 5. 养成分析判断的能力； 6. 养成主动学习的良好行习惯

学习任务 1　纠纷处理技巧

一、什么是网购纠纷

客户购买或使用产品和服务的时候，对产品本身和企业服务都抱有良好的期望，当期望和要求都得不到满足的时候，就会令客户心理失去平衡而产生抱怨和不满行为。

这种情况出现在客户通过网上进行购物时，就产生了网购纠纷。

网购纠纷和传统纠纷不同，网购纠纷存在涉及的地域范围更广、信息更加不对称、纠纷主体的确认更加困难等问题，因此，售后客户服务人员在纠纷中担任很重要的角色。同时，处理纠纷也非常讲究技巧。

二、纠纷产生的原因

（1）商品本身存在的问题。

（2）发错、少发货物。

（3）货物到达买家手中已经损坏。

（4）客户服务人员态度差。

（5）买家对商品期望值太高。

（6）竞争对手的恶意报复行为。

三、纠纷的解决办法

（一）在线协商

有调查表明，大部分网购的买家在与卖家发生纠纷时，会主动与卖家联系，协商和解。因此，客户服务人员应把握好买家第一次主动联系的时机，让事情尽快解决，阻止顾客的不满情绪进一步蔓延。

（二）在线投诉

电子商务平台都设置了在线投诉，部分买家会直接进行投诉，或者协商不成后进行投诉，期望第三方平台协助解决纠纷。客户服务人员在这个时期，应提出解决方案，让买家撤诉。如果买家坚决不撤诉，则准备好申诉材料，等待第三方平台裁定。

（三）诉诸法律

买家可能还会通过法律手段维护自身的利益，包括仲裁和诉讼。客户服务人员应准备好详细资料，向店长汇报，做好应诉准备。

四、纠纷的处理技巧

纠纷处理的最佳时机是客户主动与客户服务人员联系的时候，这时候客户虽然情绪激动，但仍有较大的商量余地，如果进入投诉维权阶段甚至法院诉讼阶段就难以回旋了。

因此，在客户主动联系客户服务人员时，客户服务人员应把握以下几点技巧：

（1）让客户发泄。

（2）采取委婉否认法。

（3）采取转化法。

（4）主动解决问题，承认错误。

（5）采取转移法。

五、情景实训

启明刚轮岗到售后岗位，客户白雪给了一个差评，并说："坑爹！交易都成功了，还没有收到货，我要维权！"

启明通过阿里旺旺联系上了白雪。

启明：亲，你到现在还没有收到货吗？

白雪：是啊，怎么回事？你们坑钱啊？

启明一激动，在聊天窗口输入：亲，你没有收到货也不要给差评呀，我们有话好好说嘛！

还没有发送信息出去，启明改变主意了：亲，我马上给你再发一件，你修改一下评价好吗？

根据目前的情景，白雪情绪还比较稳定，启明应采取主动解决问题的办法，但也不能不查明原因就随意补发货。如果白雪是"职业差评师"，那就有损企业的利益。因此，可以这样回答：亲，我马上帮你查查是什么原因，24小时内给你答复，你看可以吗？

六、小结

（1）由于网购纠纷和传统纠纷不同，网购纠纷存在涉及的地域范围更广、信息更加不对称、纠纷主体的确认更加困难等问题。因此，售后客户服务人员在纠纷中担任很重要的角色。

（2）纠纷的解决办法包括在线协商、在线投诉、诉诸法律等。

（3）处理纠纷的最佳时机是客户主动与客户服务人员联系的时候。

学习任务 2　服务态度纠纷的处理技巧

一、什么是服务态度纠纷

服务态度纠纷，就是指客户对客户服务态度、店铺售前（售后）等各项服务产生怀疑而导致的纠纷。

服务态度纠纷产生的原因主要是客户服务人员的沟通技巧以及沟通方式、反应时间等造成的客户不满情绪，既包括商品销售过程中的客户服务态度问题，也包括售后服务的态度问题。

服务态度评价见图 6-1。

图 6-1　服务态度评价

二、服务态度纠纷产生的原因

服务态度纠纷产生的原因见图 6-2。

沟通困难	语义不明	情绪失控
·有些客户服务人员的沟通能力确实有限，不能明白顾客的意思，答非所问，让顾客感到厌烦	·有些客户服务人员缺乏语言技巧，表达生涩，让顾客摸不着头脑，甚至可能产生误会	·有些客户服务人员容易把个人情绪带到工作上。如不开心的时候，可能会对顾客爱理不理，或让顾客严重不满

图 6-2　服务态度纠纷产生的原因

三、服务态度纠纷的处理流程

服务态度纠纷的处理流程见图 6-3。

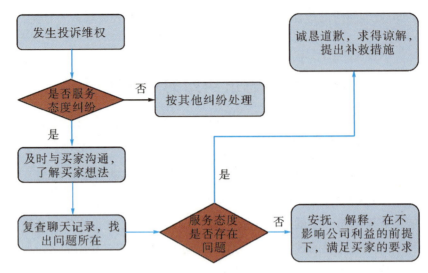

图 6-3　服务态度纠纷的处理流程

四、服务态度纠纷的处理技巧

（1）快速反应态度好。快速反应能让客户不过分急躁。

（2）认真倾听表诚意。买家也许只想发发牢骚，所以我们要做到认真倾听、表达诚意。

（3）必要时给一点安抚和解释。要站在客户的立场上为自己说话。

（4）诚恳道歉，求得谅解。

（5）一定要有一个以上的补救措施让买家选择。

（6）执行措施要及时，不能拖时间。

（7）采取措施以后，要及时跟进求得反馈。

五、情景实训

启明看到顾客袁明（用户名：Ming）提出了退款（退货）申请，作为售后客户服务人员，启明马上通过阿里旺旺联系到了袁明。

启明：亲，在吗？看到您做了退款申请，我想了解一下是什么原因，我会竭诚为您解决问题的。

Ming：在的。你们的服务态度太差了！我只是问一下你们那个客户服务人员小珍我买的这件衣服是不是一定要干洗。她让我自己看衣服的标签，然后就不理我了。没办法，我要退货。

顾客袁明（用户名：Ming）因为客户服务人员没有认真回复关于衣服洗涤要求的问题而选择了退货退款维权。如果售后客户服务人员不及时处理，客户申请第三方介入，这将对店铺商品搜索、参加活动等方面产生影响，后果是很严重的。

《中华人民共和国消费者权益保护法》规定：经营者有义务就其提供的商品或者服务的质量和使用方法等问题做出真实、明确的答复。因此当消费者询问使用方法的时候，切勿认为交易已经结束无须再提供介绍产品的服务了，您一时的偷懒可能会引起一场不必要的纠纷。

售后客户服务人员应主动解决问题，在查询聊天记录后，向顾客道歉，并及时给出答复，还可以给客户一次下次购买包邮的补偿。

建议客户服务人员在产品页面增加一些服装洗涤说明，或者针对买家常提问的内容制作一个回复模板，及时回答消费者的疑问，防止类似的服务态度纠纷再次出现。

六、小结

（1）客户对客户服务人员的服务态度、店铺售前（售后）等各项服务产生怀疑而导致的纠纷就是服务态度纠纷。

（2）服务态度纠纷产生的原因主要有沟通困难、语义不明、情绪失控等。

（3）掌握态度纠纷处理常用的客户服务技巧。

学习任务 3　产品纠纷的处理

一、什么是产品纠纷

顾名思义，产品纠纷就是客户对产品的品质、真伪、使用方法、使用效果、容量、尺码、体积等相关的因素产生怀疑而导致的纠纷。

二、产品纠纷产生的原因

产品质量导致纠纷的原因很多，但基本都集中在产品和使用过程等因素上，常见的原因有以下几种：

（1）假冒伪劣产品。

（2）以次充好产品。

（3）产品使用不当。

（4）尺码大小不适。

（5）效果小于预期。

三、产品纠纷的处理流程

产品纠纷的处理流程见图 6-4。

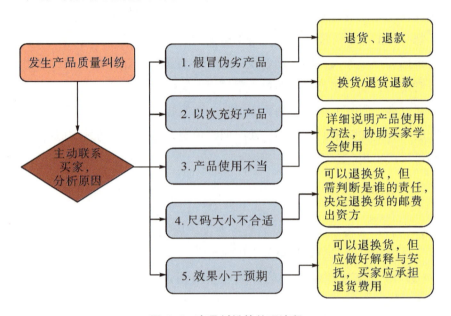

图 6-4　产品纠纷的处理流程

四、产品纠纷的处理技巧

（1）产品质量不过关可以让客户提供图片或者相关的证明，查证后换货或者退货。

（2）当客户对产品有误解的时候，要向客户解释产品的特性、功能。

（3）当客户使用方式不当的时候，可以引导客户了解正确的使用方法。

（4）还有一种关于产品纠纷的情况，就是商品和客户的预期效果有较大的差距，其原因可能是买家对产品的期望值过高，也可能是商品描述过于夸大产品的功能，还有就是可能在线销售客服过分夸大产品效果。

五、情景实训

今天，顾客白雪（用户名：snowwhite）提出了退款（退货）申请，退款说明是：尺码与卖家描述不符——胸围存在不符。

作为售后客户服务人员，启明接下来应该如何处理这起关于产品的纠纷呢？

第一步：在客户还没有请第三方平台介入之前，客户服务人员不要推脱逃避，应该主动寻找解决方式或者方法，及时、主动联系客户，了解情况，分析纠纷产生的原因，进一步协商处理。

第二步：情景中，买家已经给出了与产品描述不符的凭证（量取衣服尺码照片），**要求退货退款**。卖家应该在收到退货后，马上处理退款，不要等系统自动处理。如果收到货了还不处理退款，买家可能马上联系第三方介入。如果卖家收到货后马上主动退款，不仅显示了你的诚意，买家还可能成为回头客。

第三步：更新产品描述页，尽可能清晰描述，可以使用尺码表及试穿报告。

清晰的尺码表及试穿报告见图6-5。

图6-5 清晰的尺码表及试穿报告

六、小结

（1）客户对产品的品质、真伪、使用方法、使用效果、容量、尺码、体积等产生怀疑而导致的纠纷就是产品纠纷。

（2）产品质量导致纠纷的原因很多，但基本都集中在产品和使用过程等因素上。

（3）当客户对产品有误解的时候，要向客户解释产品的特性、功能。

学习任务 4 物流纠纷的处理

一、什么是物流纠纷

物流纠纷就是客户对选择的物流方式、物流费用、物流时效、物流公司的服务态度等方面产生怀疑而导致的纠纷。

网上交易可能产生的物流问题见图 6-6。

图 6-6 网上交易可能产生的物流问题

二、物流纠纷产生的原因

物流纠纷主要是由物流公司在服务中的一些过失和失误造成的，也不排除在发货环节卖家的管理不当。一般来说，造成物流纠纷的主要原因可以归纳为以下几点：

（1）卖家发货慢或虚假发货。

（2）物流送货慢。

（3）物流过程中商品损坏。

（4）物流过程中快件丢失或被"掉包"。

（5）物流服务态度差。

三、解决物流纠纷的流程

物流纠纷的处理流程见图 6-7。

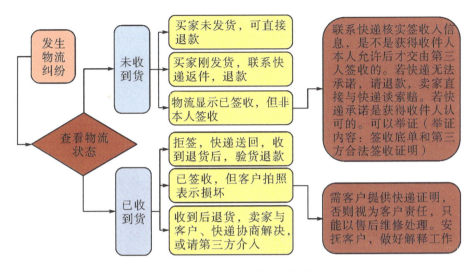

图 6-7　物流纠纷的处理流程

四、物流纠纷的处理技巧

（1）客户服务人员要明白一个三角服务关系，买家是我们的客户，而我们是快递公司的客户，我们跟快递之间的问题应该由我们与快递公司协商解决，我们应该首先服务好我们的客户。当遇到常见的物流时效性问题时，应该积极主动地帮助客户查询，并及时回复客户，让客户感到满意。

（2）对于一些小的纠纷或者是一些小的损失，我们要做到主动地承担责任，即使是针对物流公司的投诉，我们也应该积极帮助客户去处理，而不应该去争论究竟是谁的责任。物流纠纷处理见图 6-8。

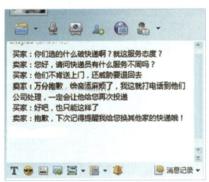

图 6-8　物流纠纷处理

（3）在物流运输过程中，可能还会遇到诸如物流公司检验不够、货物破损、野蛮操作等问题。遇到这样的情况，首先我们要安抚好这部分客户，做到先行赔付，后期保价索偿就是卖家和快递公司之间的约定了。

（4）熟悉快递行业的服务标准，只有了解快递服务，才能在遇到快递纠纷的时候心中有底。2008年国家邮政局就已经发布《快递服务》邮政行业标准，这些政策的出台是用来约束快递行业的，也是在保护网商的利益，网商必须多了解。

五、情景实训

启明受理了客户的"未收到货"维权，在跟快递联系后，仍未找到货物。快递提供了签收单据，签收人为：草签。客户坚称未收到货物，要求重发。

启明从快递网站上了解到该快件的签收人为：草签。因此，签收人不明确，启明可参考以下步骤进行处理：

第一步：联系快递公司，要求快递公司发回（传真）快递签收底单。快递签收底单见图6-9。

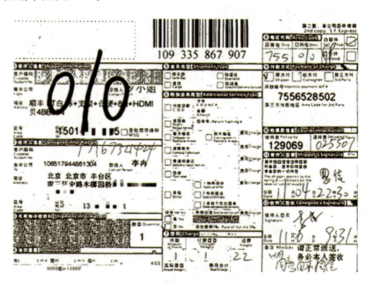

图6-9 快递签收底单

第二步：经核实，非客户本人签收。客户服务人员应咨询快递公司是否获得收件人本人允许后才交由第三人签收的，出具书面证明（加盖公章），证明所述的情况是实情。书面证明模板见图6-10。

证明

兹有我公司派件的快递，单号为_____，收货人为_____，在___年___月___日由我公司派件员_____派送给收货人指定地址时，电话联系收货人，因收货人无法本人签收，授权_____（实际收货人姓名）帮他签收货物。

本公司承诺以上情况属实。

_____物流公司电话：_____

日期：___年___月___日

图 6-10 书面证明模板

第三步：如果快递公司能出具证明，则给客户出示底单及授权证明，损失由客户承担，不予退款；如果快递公司不能出具书面证明，则可考虑退款给客户，同时向快递公司索赔。所以，这里要求客户服务人员必须熟悉快递服务标准和理赔程序。

六、小结

（1）客户对选择的物流方式、物流费用、物流时效、物流公司的服务态度等方面产生怀疑而导致的纠纷就是物流纠纷。

（2）物流纠纷是由物流公司在服务中的一些过失和失误造成的，也不排除在发货环节卖家的管理不当。

（3）掌握物流纠纷处理的流程以及技巧。

学习任务 5 收付款纠纷的处理

一、什么是收付款纠纷

收付款纠纷指在电子商务交易过程中的支付环节中由于各种原因造成了买家与卖家之间的纠纷。这类纠纷主要集中在付款方式的选择、货到付款、退换货退款等付款问题。淘宝买家申请退款页面见图 6-11。

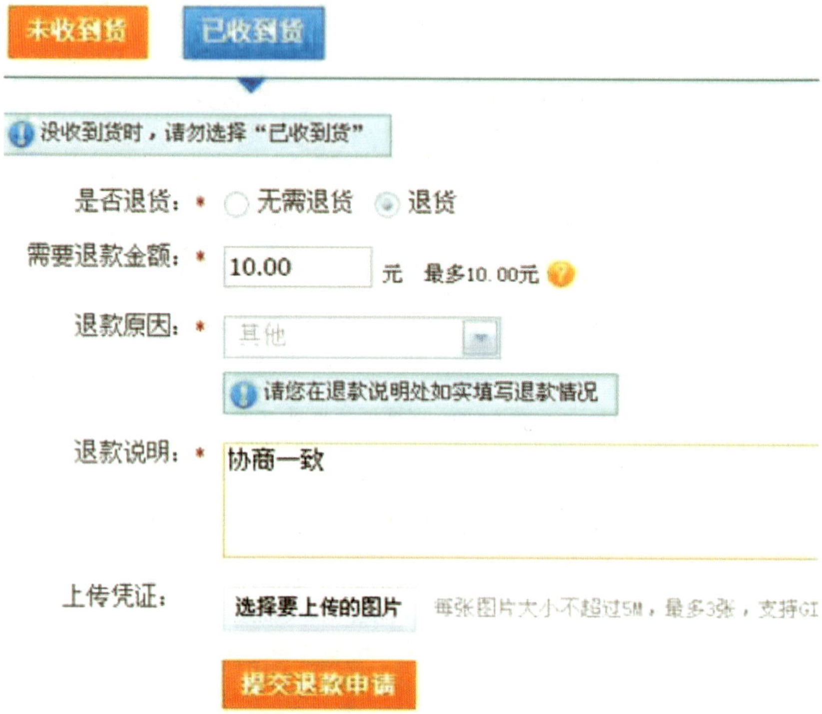

图 6-11　淘宝买家申请退款页面

二、收付款纠纷产生的原因

电子商务的支付环节使电子商务的资金流得以实现，因此，网络支付的发展尤为重要。随着网络支付越来越便捷，越来越安全，越来越多的网民采用网络支付的方式进行收付款。但是，一些年龄较大的网民仍然会选择线下付款的方式。在网络交易中，收付款纠纷产生的原因主要有：

（1）线下付款造成钱货两空。

（2）付款方式争议。

（3）支付宝付款时间过短（未收到货已打款）。

（4）退换货付款争议。

（5）邮费的支付争议。

三、收付款纠纷的处理技巧

（1）面对收付款环节遇到的纠纷，客户服务人员首先是要冷静，耐心地倾听顾客的抱怨，仔细了解情况，弄清楚问题的原因。自身原因造成的纠纷应该第一时间解决并弥补顾客损失。对于顾客过失造成的纠纷问题要耐心解释，安抚顾客情绪，切不可与顾客发生争执。

（2）在遇到一些卖家实在无法让步，而顾客又非常坚持的纠纷时，主动让利，赠送礼品等小动作也是解决问题的捷径，可以适当尝试。

（3）客户服务人员应该耐心解释客户关于支付的问题，并留意客户是否有异常举动，其中特别留意客户是否满 16 周岁，年龄太小的买家，其支付的款项可能会被家长否认。

（4）现在，网上交易一般通过支付宝或银行付款的方式进行。银行付款一般建议使用银行转账，可以网上银行付款、柜台付款或者通过 ATM 机完成汇款。告知卖家支付方式时，应该详细说明是哪种银行卡还是存折，银行卡和存折的号码、收款人的姓名。

（5）客户服务人员应该建议买家尽量使用支付宝等第三方交易平台进行交易。如果买家因为各种原因拒绝使用支付宝交易，需要判断买家确实是不方便还是有其他方面的考虑。如果买家有其他想法，应该尽可能打消买家的顾虑，用支付宝完成交易；如果买家确实不方便，应该向买家了解他熟悉的银行，然后提供相应准确的银行账户，并提醒买家付款后及时通知。

四、退款的处理流程

（1）卖家未发货，买家申请退款情况下，可以联系买家立刻发货，请买家撤销退款申请，或者直接同意退款。

（2）买家已收到货，经协商后，卖家同意退款（可以为部分货款），且无须退货，直接点击同意退款申请，进入支付阶段。无须退货，仅退款见图 6-12。

图 6-12　无须退货，仅退款

（3）卖家退货退款，根据责任判断邮费支付方。然后，买家提供收货地址，在收货后验货，如货品不影响二次销售，马上确认退款；如果货品外包装损坏，应与客户协商，提出处理意见。买家申请退货退款见图6-13和图6-14。

图 6-13　卖家退款 1

图 6-14　卖家退款 2

五、小结

（1）收付款纠纷指在电子商务交易过程中的支付环节中由于各种原因造成了买家与卖家之间的纠纷。

（2）熟悉淘宝退款处理的过程和要求。

六、作业

总结所有可能出现的纠纷类型并针对每一种纠纷找出纠纷处理的方法。